C.H.BECK WISSEN

Der Kunstkritiker Jules-Antoine Castagnary schrieb nach dem Besuch der ersten Impressionismus-Ausstellung 1874: «Hier ist Talent, sogar viel Talent. Diese jungen Maler begreifen die Natur in einer Art, die weder langweilig noch abgedroschen, vielmehr lebendig, scharf, flott, einfach bestrickend ist. Welch schnelles Erfassen des Motivs, welch ergötzliche Malweise! Zugegeben, sie ist summarisch, aber wie richtig ist alles angedeutet! [...] Wollte man sie mit einem erläuternden Wort charakterisieren, müsste man den neuen Begriff *Impressionisten* schaffen. Sie sind *Impressionisten* in dem Sinn, dass sie nicht eine Landschaft wiedergeben, sondern den von ihr hervorgerufenen Eindruck. Sie verwenden dieses Wort sogar selbst: Es ist nicht *Landschaft*, es ist *Impression*, wie der Katalog den Sonnenaufgang von Herrn Monet bezeichnet.»
Im vorliegenden Buch zeichnet Felix Krämer kenntnisreich den Lebensweg Claude Monets nach und beschreibt anschaulich, welche zentrale Rolle dieser weltberühmte Maler für die Kunst des Impressionismus gespielt hat.

Felix Krämer ist Generaldirektor der Stiftung Museum Kunst Palast in Düsseldorf. Er kuratierte u. a. die Ausstellung *Monet und die Geburt des Impressionismus* (2015) am Städel Museum, Frankfurt a. M.

Felix Krämer

CLAUDE MONET

Verlag C.H.Beck

Mit 49 Abbildungen, davon 16 in Farbe

Originalausgabe

Satz: Fotosatz Amann, Memmingen
Druck und Bindung: Druckerei C.H.Beck, Nördlingen
Umschlagentwurf: Uwe Göbel, München
Umschlagabbildung: Selbstporträt mit Barett, 1886,
Privatsammlung, © Bridgeman Images
Printed in Germany
ISBN 978 3 406 70642 4

www.chbeck.de

Inhalt

Man kann wohl nicht Maler sein,
ohne Monet zu lieben.

André Masson, 1957

Einführung

Claude Monet ist beliebt – sehr sogar. Unzählige Ausstellungen und Produkte, die mit seinen Bildern bedruckt sind, belegen seine nicht nachlassende Popularität beim Publikum in aller Welt. Trotz dieses enormen Interesses wird kaum ein anderer Künstler heute so unterschätzt. Während die eng mit ihm verbundenen Zeitgenossen Édouard Manet, Edgar Degas und Paul Cézanne als die wichtigsten Impulsgeber der Moderne gefeiert werden, gilt Monet vielen Kunsthistorikern als langweiliger und oberflächlicher «Schönmaler». Zwar sei es ihm wie keinem Zweiten gelungen, das Momenthafte mit einer ungeheuren Leichtigkeit auf die Leinwand zu bannen, doch verfüge seine Malerei nicht über die inhaltliche Tiefe der Kollegen. Was so leicht und selbstverständlich wirke, könne nicht zugleich große Kunst sein. Dass Monet, dessen Ausnahmestellung von seinen Zeitgenossen neidlos anerkannt wurde, aber der erste Künstler war, auf dessen Werk der Begriff «Gegenwartskunst» wirklich zutrifft, ist kaum jemandem bewusst. Denn anders als seine Vorläufer und Zeitgenossen interessierte sich Monet nicht für die Tradition der Kunstgeschichte, suchte er nicht nach Anregungen aus der Vergangenheit, sondern entwickelte seine Malerei aus dem Blick auf das Hier und Jetzt. Wie innovativ und reflektiert er dabei vorging, ist ein Thema dieses Buches.

Die vorliegende Monographie spannt den Bogen von Monets Anfang der 1860er-Jahre noch ganz unter dem Einfluss der Schule von Barbizon entstandenen Gemälden bis zu den im 20. Jahrhundert gemalten großformatigen Darstellungen seines Wassergartens, in denen der greise Künstler bis zur Abstraktion vorstößt. Als Monet seine ersten Arbeiten ausstellte, war Napoleon III. an der Macht, Frankreich ein Kaiserreich. Seine letzten Bilder malte er, als die «Grande Nation» wieder eine Republik und der Erste Weltkrieg überstanden war. In einem Zeitraum von fast siebzig Jahren schuf er annähernd 2000 Gemälde. Sein zeichnerisches Werk dagegen ist mit etwa 600 Blättern überschaubar. Graphiken und Skulpturen interessierten ihn nicht. Zudem sind 3100 Briefe erhalten, in denen sich der Künstler allerdings nur selten zu seinem Werk äußert.

Ziel des Buches ist es, einerseits die wichtigsten Stationen in Monets Leben nachzuvollziehen, andererseits die besondere Faszination seiner Malerei herauszuarbeiten. Auf die Gegenwart konzentriert, strebte er zunächst danach, in der Behandlung moderner Sujets und in der Neuinterpretation der Landschaft eine Maltechnik zu entwickeln, die auf die Dynamik der Großstadt, aber auch auf die rasche Vergänglichkeit der Natureindrücke reagiert. Die Modernität seiner Werke liegt vor allem in der Art der Darstellung: Schneller Pinselstrich, gewagte Bildausschnitte, Erscheinungsformen des Flüchtigen, hinter denen das erzählerische Moment zurücktritt. Nicht «was», sondern «wie» etwas gemalt ist, wird zum entscheidenden Bildkriterium. Wichtig war für Monet deshalb die künstlerische Praxis, wobei er nichts dem Zufall überließ, auch die Motivauswahl nicht. Dabei veränderte sich sein inhaltlicher Ansatz im Verlauf der Zeit radikal. Standen seine Arbeiten bis Ende der 1870er-Jahre ganz im Fokus dessen, was man als «Impressionismus» bezeichnet, wird in den 1890er-Jahren aus dem Maler der sichtbaren Wirklichkeit ein Künstler, der nach tieferen Wahrheiten sucht, jenseits einer mimetischen Wirklichkeitsaneignung. Vor Monet hat kein anderer Künstler das Spiel von Licht und Farbe so weit getrieben, dass Themen und Motive dadurch transzendiert worden wären: Körperlose Figuren, substanzlose Gebäude, Landschaft als nebelhafte Erscheinung – bis heute macht die Entmaterialisierung eine besondere Faszination seiner Malerei aus.

Dass viele Kunsthistoriker Monet nicht als entscheidenden Wegbereiter der Moderne wahrnehmen, mag einerseits an seiner Spezialisierung auf die Landschaftsmalerei liegen (die Gattung gilt heute vollkommen zu unrecht als eher konservatives Sujet), andererseits mag es auch damit zusammenhängen, dass sich der Künstler kaum zu seinem Schaffen geäußert hat, da ihm «Theorien stets zuwider waren» und er sich ganz auf die Wirkung seiner Malerei verließ. Galt Monets Malerei um die Jahrhundertwende vielen jungen Künstlern noch als Vorbild, verschwand sie nach seinem Tod 1926 immer stärker aus dem Fokus. Gerade mit den Arbeiten seiner letzten Schaffensjahre konnten Kunsthistoriker und Publikum wenig anfangen. Daran änderte auch die dauerhafte Präsentation der monumentalen Seerosen-Gemälde in der Orangerie unweit des Louvre in Paris nichts. Heute ein Publikumsmagnet, interessierte sich bis zum Ende des Zweiten Weltkriegs kaum jemand für dieses beeindruckende Gesamtkunstwerk. So nutzte man die Bilder etwa als Träger in einer Ausstellung flämischer Teppiche, in der die Exponate einfach über die Gemälde gelegt wurden. Erst in den 1950er-Jahren begann eine Neuentdeckung von Monets Œuvre; wobei die meisten Kunsthistoriker zwischen dem Früh- und dem Spätwerk unterschieden. Während Monets entscheidender Beitrag zur Entstehung des Impressionismus breite Anerkennung fand, wurden die Bilder seiner zweiten Lebenshälfte als «unmodern» abgetan. Zu sehr widersprachen diese Gemälde den gängigen Vorstellungen. Monets zunehmender Verzicht auf eine feste kompositorische Ordnung und die weitgehende Autonomie der bildnerischen Mittel irritierte. Gerade diese Freiheit von Form und Inhalt faszinierte eine Gruppe junger US-amerikanischer Künstler, die nach dem Krieg eher zufällig Monets «all over painting» in der Orangerie für sich entdeckten. Für die sogenannten Abstrakten Expressionisten wurde der Franzose zu einem wichtigen Impulsgeber, dessen Werk sie ermutigte, ganz auf die Wirkung von Farbe zu vertrauen. «Monet schuf eine neue Ästhetik der Farbe», war Barnett Newman überzeugt und Mark Rothko betonte: «Trotz der allgemeinen Meinung, dass Cézanne ein neues Schauen geschaffen habe und er der Vater der modernen Malerei sei, ziehe ich Monet vor. Er war der größere Künstler von beiden.»

Seit dieser Wiederentdeckung ist der Siegeszug von Monets Malerei ungebrochen. Kaum ein anderer Künstler zieht heute weltweit in den Museen mehr Menschen in seinen Bann. Grund hierfür ist nicht Monets spektakuläre Biographie. Er hatte weder ein ausschweifendes Liebesleben, noch nahm er Drogen und schied auch nicht durch einen aufsehenerregenden Freitod aus dem Leben; Aspekte, die das breite Publikum an Künstlern oft faszinieren. Im Zentrum stand und steht bei Monet die vibrierende Lebendigkeit, die Schönheit seiner Malerei, die nicht in der Theorie, sondern im direkten Dialog mit dem Betrachter ihre volle Wirkung entfaltet. Zu dieser Begegnung möchte die vorliegende Publikation die Leser einladen.

1. Von Le Havre nach Paris

Jede Woche wurden im Schaufenster des Papier- und Rahmenhändlers Gravier in der Rue de Paris, der zentralen Einkaufsstraße von Le Havre, neue Karikaturen von Claude Oscar Monet ausgestellt (Abb. 1). Mit schnellem, sicherem Strich widmete sich der Teenager Mitgliedern der Stadtgesellschaft. Er zeichnete Geschäftsleute, Notare, Lehrer oder einfach skurrile Typen, von denen es in der an der Seinemündung gelegenen Hafenstadt reichlich gab. Hatte der Schüler seine Karikaturen vorher nur Freunden und Klassenkameraden gezeigt, wurden seine Zeichnungen so rasch zum Stadtgespräch: «Mit fünfzehn Jahren war ich in ganz Le Havre als Karikaturist bekannt. Mein Ruf war so verbreitet, dass man mich von allen Seiten ganz unverhohlen um karikaturistische Porträts bat», wunderte sich der Künstler noch Jahre später. Obwohl einige der Zeichnungen direkt von Zeitschriftenillustrationen inspiriert waren, fanden sie reißenden Absatz: «Je nach Aussehen der Leute verlangte ich zehn oder zwanzig Francs für die Karikatur und hatte mit diesem Vorgehen wunderbare Erfolge.» Schon hier zeigte sich neben Monets künstlerischem Talent auch sein kaufmännisches Geschick, selbst wenn er später, wie so viele Maler, regelmäßig über Geldsorgen klagte.

Claude Monet, der von seiner Familie Oscar gerufen wurde, kam am 14. November 1840 in Paris zur Welt. Aber nicht die französische Hauptstadt wurde zu seiner Heimat, sondern Le Havre in der Normandie. Die Hafenstadt erlebte damals einen rasanten wirtschaftlichen Aufschwung. Da der Lebensmittelhandel von Monets Vaters in Paris wenig erfolgreich war, zog die Familie 1845 nach Le Havre, um in den florierenden Kolonialwarenhandel des Schwagers Jacques Lecadre einzusteigen. Im großen Stil belieferte die Firma im Hafen liegende Schiffe. Durch die Verwandtschaft fanden die Monets rasch Anschluss

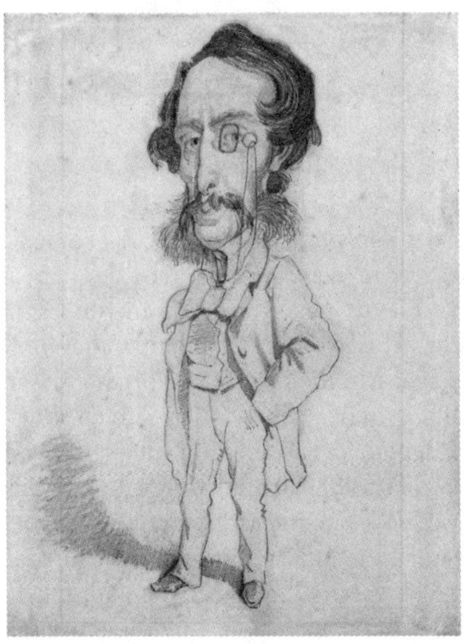

1 Claude Monet: Mario Uchard, 1858, The Art Institute of Chicago

in der Stadt. Mit zehn Jahren wechselte der Pennäler von der privaten Grundschule auf das städtische Gymnasium, ohne hier jedoch einen bleibenden Eindruck zu hinterlassen. Talent und Interesse zeigte Monet wohl nur im Zeichnen: «Ich malte Girlanden an den Rand meiner Bücher, verzierte das blaue Papier meiner Hefte mit überaus fantastischen Ornamenten und zeichnete Gesicht oder Profil meiner Lehrer auf respektloseste Weise, indem ich sie so verzerrt wir nur möglich darstellte. In diesem Spiel war ich sehr geschickt.» Als Monets Mutter 1857 starb, nahm sich die Halbschwester seines Vaters, Marie-Jeanne Lecadre – eine Amateurmalerin –, ihres Neffen an und unterstützte ihn in seinen künstlerischen Bestrebungen. Schon bald stellte sich heraus, dass der Wunsch des Vaters und Onkels, der Filius möge in das florierende Handelshaus der Familie einsteigen, wohl nicht in Erfüllung gehen würde.

Sosehr sich Monet über seinen lokalen Ruhm als Karikaturist freute, sosehr ärgerte er sich, dass Gravier neben seinen Zeichnungen auch Gemälde von Eugène Boudin ins Schaufenster stellte. Der 1824 in Honfleur geborene Maler gehörte zu den angesehensten Künstlern der Stadt; im Kunstmuseum – dem heutigen Musée d'art moderne – waren gleich mehrere seiner Werke zu sehen. Boudin, Sohn eines Seemanns, hatte zunächst als Rahmenhändler gearbeitet. Zu seinen Kunden zählten etliche Künstler, die auf dem Weg an die Atlantikküste ihre Farben und Leinwände bei ihm erwarben. Angeblich waren es Jean-François Millet, Gustave Courbet und Jean-Baptiste Isabey, die ihn davon überzeugt hatten, seinen Beruf aufzugeben und seiner Leidenschaft zu folgen und sich, obwohl Autodidakt, ebenfalls als Maler zu versuchen. Ohne Boudin je getroffen zu haben, hatte sich Monet in jugendlicher Überheblichkeit bereits ein Urteil über den Landschaftsmaler gebildet. «Was sollte ein so lächerlicher Mann mir schon beibringen?», formulierte Monet in bewusster Übertreibung Jahrzehnte später. «Es kam allerdings ein Tag, ein schicksalhafter Tag, an dem der Zufall mich gegen meinen Willen mit Boudin zusammenbrachte.» Schon bald erkannte Monet, dass er nichts zu verlieren hatte und von der Erfahrung des Älteren und dessen Einladung, gemeinsam in der Natur zu malen, nur profitieren konnte: «Ich fing damit an, meine Leinwand vollzuklecksen [...] Und dann sah ich ihm beim Malen zu. Da erfasste mich eine tiefe Bewegung [...] Besser, ich hatte eine Erleuchtung. Und Boudin wurde tatsächlich mein erster Lehrer. Und von diesem Moment an war mein Weg geebnet, mein Schicksal beschlossen.»

Boudins kleinformatige, atmosphärische Küstenszenen erfreuten sich nicht nur in Le Havre, sondern auch in Paris großer Beliebtheit, wobei die weiten Himmel und sein feines Gespür für die Nuancen des Lichts Bewunderung hervorriefen. Kaum ein anderer Maler verstand es, die Natur so unmittelbar und lebensnah auf die Leinwand zu bannen. Auch wenn Boudin seine Bilder im Atelier überarbeitete, haben sie die Direktheit und Offenheit von Skizzen. Zudem verweist Boudin in seinen Bildern auf die Gegenwart, was für Landschaftsdarstellungen damals höchst ungewöhnlich war. Moderne zeitgenössische

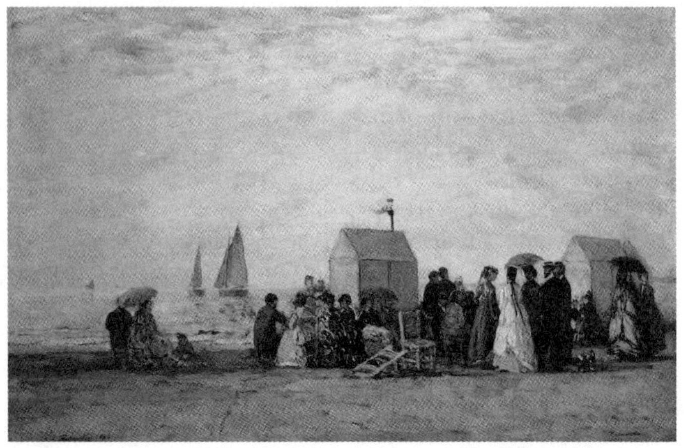

2 Eugène Boudin: Der Strand, 1862, National Gallery, Washington

Dampfschiffe oder modisch gekleidete Strandurlauber (Abb. 2) zeigten, dass es sich hier nicht um arkadische Idealdarstellungen handelte. Boudin war damit einer der ersten Künstler, die – Jahre vor den Impressionisten – das Freizeitverhalten des gehobenen Bürgertums zum Bildthema machten. Er wurde zu Monets Mentor und Freund, dem dieser viel mehr als bloß die Einführung in die technischen Voraussetzungen der Freilichtmalerei verdankte. Boudin war es, der als Erster Monets künstlerisches Talent erkannte und die entscheidenden Grundlagen für dessen Karriere legte. «Boudin machte sich mit unendlicher Güte an meine Ausbildung. Auf Dauer öffneten sich mir die Augen, und ich begann, die Natur wirklich zu begreifen; zugleich lernte ich, sie zu lieben.» Auch die Fokussierung auf ein begrenztes Motivfeld und die Betonung der Lichtstimmung sind für Boudins und Monets Kunst charakteristisch. Darüber hinaus verdankte Monet seinem Freund die entscheidende Erkenntnis, sich keinem Lehrmeister unterzuordnen, sondern sich vor allem auf das eigene Sehen zu verlassen.

Eine künstlerische Karriere ohne einen längeren Aufenthalt in der Hauptstadt der Kunst, Paris, war im 19. Jahrhundert nicht vorstellbar. Im Frühsommer 1858 war es für Monet so weit. Mit der finanziellen Unterstützung seiner Familie reiste der Neunzehnjährige in die Metropole. Einer seiner ersten Wege führte ihn in die Salon-Ausstellung. Diese jährlich stattfindende Präsentation, die von einer Jury nach streng akademischen Grundsätzen zusammengestellt wurde, war das wichtigste Forum der internationalen Kunstwelt. Erfolg oder Misserfolg, Anerkennung oder Spott, hier entschied sich das weitere Schicksal eines jeden Künstlers. Tausende Maler und Bildhauer träumten vom Durchbruch, hofften auf eine Medaille, lobende Erwähnungen in der Zeitung und auf glänzende Geschäfte. Ursprünglich von Ludwig dem XIV. im 17. Jahrhundert gegründet, um den höfischen Kunstgeschmack zu propagieren, entwickelte sich die Ausstellung zur weltweit größten Leistungsschau zeitgenössischer Kunst. Das prestigeträchtige Forum bot – vor der Etablierung des privaten Galeriewesens – die einzige Möglichkeit für einen Künstler, seine Werke der Öffentlichkeit zu präsentieren. Monet war vor allem von den Landschaftsdarstellungen begeistert, bemerkte aber verwundert, dass in der Ausstellung Maler von Seestücken «überhaupt nicht vorhanden» seien, wie er Boudin berichtete: «Das ist ein Gebiet, das dir große Möglichkeiten bietet.» Diesen Mangel müsse Boudin für seine Zwecke nutzen. Schon hier, bevor Monet selbst die Bühne des Pariser Kunstlebens betrat, zeigte er ein verblüffend analytisches Gespür für die Mechanismen des Ausstellungsbetriebs.

Monet mietete sich in Montmartre ein Zimmer und machte sich, dem Wunsch seiner Familie nur widerwillig folgend, auf die Suche nach einem Lehrer. Ihrem Vorschlag, bei dem damals hoch angesehenen Maler Thomas Couture in die Lehre zu gehen, kam er allerdings nicht nach. Stattdessen entschied er sich für die weniger angesehene Académie Suisse, die das Aktstudium zwar ermöglichte, aber keinen formellen Unterricht anbot. Unterbrochen wurde Monets Ausbildung im Frühjahr 1861 von der Einberufung zum Militär. Auf seinen Wunsch hin erfolgte der Einsatz in Algerien. Dabei waren es vor allem das Licht und die Strahlkraft des blauen Himmels, die ihn faszinierten. Krankheitsbedingt – er hatte sich mit Typhus infiziert –

kehrte der junge Künstler bereits im Sommer 1862 zur Genesung nach Le Havre zurück. Hier lernte er den mit Boudin befreundeten Künstler Johan Barthold Jongkind kennen, dessen Bilder Monet im Salon bewundert und als «einzigen guten Maler von Meeresbildern» gepriesen hatte. Nun malten sie gemeinsam am Strand. Der Holländer galt damals als einer der führenden Landschaftsmaler, dessen Seestücke aufgrund des freien Pinselduktus' Aufsehen erregten. Doch Jongkind blieb zeitlebens ein Einzelgänger, seinem Ruf als Trunkenbold und Frauenheld frönend. Kein Wunder, dass dieser Künstler aus Sicht von Monets Familie nicht der richtige Umgang für ihn war. Ein weiterer Grund, den Sohn erneut nach Paris zu schicken, damit er endlich eine seriöse Ausbildung als Maler bekäme: «Es versteht sich, dass du dich an die Arbeit machst, und zwar ernsthaft. Ich erwarte, dass du unter der Aufsicht eines bekannten Lehrers stehst», ermahnte ihn sein Vater. Dies war nur möglich, da Monets wohlhabende Tante die hohe Summe von 3000 Francs an die Armee gezahlt hatte, sodass ihm eine neuerliche Einberufung zum Militär erspart blieb.

In Paris schrieb sich Monet nun bei dem aus der Schweiz stammenden Historienmaler Charles Gleyre ein, dessen eigenes Werk noch ganz den akademischen Prämissen folgte – und Monet nicht interessierte. Unter den jungen Künstlern war Gleyre aber dafür bekannt, seinen Schülern größtmögliche Freiheiten in ihrer künstlerischen Entwicklung zu lassen. Für Monet, der bereits über ein gesundes Selbstbewusstsein verfügte, war dieser Aspekt entscheidend. Zudem war der Unterricht kostenfrei. Unter Monets Mitschülern waren Frédéric Bazille, Alfred Sisley und Pierre-Auguste Renoir. Zählt man noch Camille Pissarro hinzu, den Monet noch von der Académie Suisse kannte, so war hier bereits der Kern der impressionistischen Bewegung versammelt. Schon während der Ausbildungszeit der Impressionisten entstand ein enges Netzwerk an Kontakten, das in den nächsten Jahren zum gegenseitigen Nutzen kontinuierlich ausgebaut wurde. Auch nachdem Gleyre im Sommer 1864 aufgrund finanzieller Probleme den Lehrbetrieb aufgeben musste, blieben die jungen Künstler im konstanten Austausch und fanden sich in wechselnden Formationen immer wieder zum Malen zusammen. Monet, der sich inzwischen mit seiner Familie überworfen hatte und keine Unterstützung mehr erhielt, teilte sich mit Bazille das Atelier. Bazille, aus einem wohlhabenden Elternhaus, sprang ihm in den nächsten Jahren immer wieder auch finanziell zur Seite.

Die hier versammelten jungen und zumeist aus bürgerlichen Familien stammenden Künstler verband einerseits ihr großes Interesse am Landschaftsmotiv, andererseits ihre Ablehnung der als überholt empfundenen Qualitätsmaßstäbe der Akademie. Ihre Vorbilder waren nicht die manierierten Schönheiten Jean-Auguste-Dominique Ingres' oder Jean-Léon Gérômes kraftstrotzende Gladiatoren. Sie waren fasziniert von der impulsiven, ganz auf die Wirkung der Farbe – im Gegensatz zur Kontur – setzenden Malerei Eugène Delacroix', dem 1855 auf der ersten Pariser Weltausstellung eine große Retrospektive gewidmet wurde. Wichtiger noch waren für Monet und seine Kollegen aber die stimmungsvollen Landschaftsdarstellungen der sogenannten Schule von Barbizon, der auch Boudin freundschaftlich verbunden war. Bereits bei seinem ersten Salon-Besuch hatte sich Monet für deren Bilder begeistert.

Als Kopf dieser Künstler in Barbizon und zugleich wichtigster Landschaftsmaler Frankreichs galt ab Mitte des 19. Jahrhunderts Camille Corot: «Es gibt nur einen hier und zwar Corot; wir sind nichts, nichts neben ihm», formulierte Monet voller Bewunderung. Als einer der ersten hatte Corot 1822 im Wald von Fontainebleau Freilichtstudien in Öl angefertigt in denen nicht die detailreiche, wirklichkeitsgetreue Abbildung der Landschaft im Vordergrund steht, sondern das Erzeugen einer Stimmung, die es dem Betrachter ermöglicht, gleichsam die «Seele» der Natur zu erfassen. Während er die Skizzen *en plein air* anfertigte, komponierte er seine Gemälde, angereichert mit Staffagefiguren, anschließend im Atelier. Aufgrund seiner Berühmtheit gilt Corot als Hauptvertreter der Schule von Barbizon, obwohl er nicht in dem etwa 50 Kilometer südöstlich von Paris gelegen Dorf lebte. Der in der Kunstgeschichte verwendete Begriff Schule von Barbizon ist leicht missverständlich, da es sich nicht um eine geschlossene Gruppe oder ein Lehrer-Schüler Verhältnis handelte, sondern eher um eine Malerkolonie. So wichtig den Barbizon-Künstlern das Malen in der Natur war, bedurfte ein fertiges Gemälde ihrer Auffassung nach der nachträglichen Überarbeitung im Atelier. Lediglich Charles-François Daubigny, der nur gelegentlich im Wald von Fontainebleau malte, vollendete seine Bilder tatsächlich in der freien Natur; zudem verzichtete er auf die ansonsten übliche Methode, verschiedene Landschaftsausschnitte in einer Darstellung miteinander zu kombinieren. Zwar vermitteln die Bilder der Schule von Barbizon noch den Eindruck von Abgeschiedenheit und die Landschaft erscheint unberührt, doch war die Ruhe im Wald Fontainebleau spätestens durch die 1849 eröffnete Eisenbahnverbindung aus Paris und den stetig wachsenden Strom Erholungsuchender gestört. Ausgestattet mit einem auch auf Englisch erhältlichen Reiseführer klapperten sie die touristischen Attraktionen in den königlichen Jagdgründen ab.

Monet und die anderen Impressionisten begannen ihre künstlerische Laufbahn, als die Barbizon-Maler den Zenit ihrer Karriere schon erklommen und breite gesellschaftliche Anerkennung gefunden hatten. Von der Mitte des 19. Jahrhunderts an wurde diese Malerei gezielt durch Ankäufe des Staates gefördert. «Landschaftsdarstellungen wurden ein wichtiger Aspekt in einer breit angelegten Kampagne, um ein neues Nationalbewusstsein in Frankreich zu bewirken», so der Kunsthistoriker Simon Kelly. Die zunehmende Popularität des Genres erklärte sich nicht nur durch das staatliche Interesse, die Identifikation des Publikums mit der Heimat zu fördern, sondern auch durch die größer werdende urban geprägte Käuferschicht, welche diese Gemälde als Gegenentwürfe zu ihrer städtischen Lebensrealität sahen und ihre Wohnungen mit diesen Sehnsuchtsbildern ausstaffierten.

Sowohl freundschaftlich als auch beruflich standen die beiden Gruppen in regem Kontakt. Den Vorbildern nacheifernd, fuhr Monet mit seinen Freunden regelmäßig zum Malen in den Wald von Fontainebleau, der mit seinem abwechslungsreichen Baumbestand und den Sandsteinformationen auch für die jun-

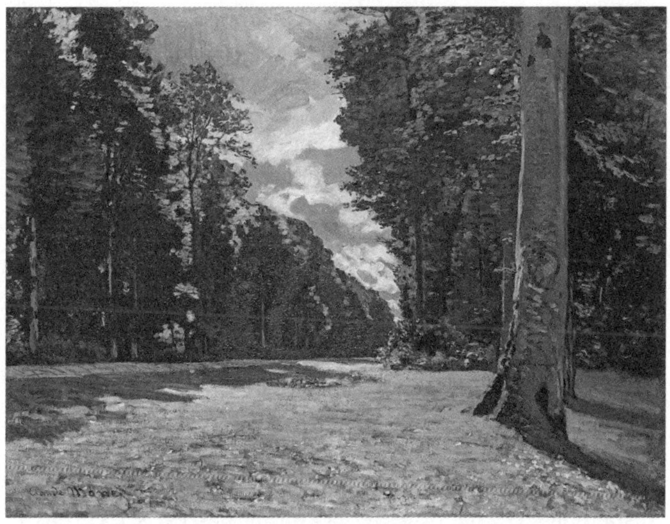

3 Claude Monet: Die Straße von Chailly durch den Wald von Fontainebleau, 1865, Musée d'Orsay, Paris

gen Künstler eine Vielzahl reizvoller Motive bot. Erleichtert wurde die Freilichtmalerei durch die Erfindung der Farbtube. Das zeitaufwendige Anmischen der Ölfarben mit Pigment war nun nicht mehr notwendig. Anders als die Maler von Barbizon waren die Impressionisten nicht an der Darstellung unberührter Naturszenen interessiert. Häufig suchte Monet genau jene Stellen auf, die in Reiseführern besondere Erwähnung fanden und dadurch eine gewisse Bekanntheit besaßen. Mehr noch als auf die detailgetreue Darstellung der Topographie achtete er auf die differenzierte Darstellung des Lichts, das in seiner Lebendigkeit über die Ergebnisse der Maler von Barbizon hinausweist. In *Straße von Chailly* (Abb. 3) etwa gibt Monet in großem Format und leuchtenden Farben den Weg durch den Wald von Fontainebleau wieder. Die dunklen Bäume kontrastieren mit dem hellen Himmel und dem von der Sonne beschienenen Gras. Monet konzentrierte sich auf das dramatische Lichtspiel und den Tiefensog der Schneise durch die Bäume, welcher der Szene eine Dynamik verleiht, die den Werken der Schule von Barbizon fremd ist. Auch der lockere und breit geführte Pinselstrich unterscheidet sich deutlich von dem seiner Vorgänger und hat eine Unmittelbarkeit, die im Atelier – mit seinen konstanten Bedingungen – kaum zu erreichen gewesen wäre. Dabei war Monet keineswegs ein «Schönwetter-Maler» – auch bei Regen oder Schnee begab er sich eingepackt in mehrere Mäntel und Decken in die Natur, um zu malen. Das bekannteste Beispiel hierfür ist *Die Elster* (Abb. 11). Das vermutlich 1868 entstandene Bild beeindruckt einerseits durch seine auf wenige Elemente beschränkte Komposition, andererseits durch seine fast monochrome Farbigkeit, in der das Licht- und Schattenspiel der eigentliche Protagonist der Darstellung wird.

Neben der konzentrierten Arbeit im Studio und den regelmäßigen Malausflügen in die Natur genoss Monet während seiner Ausbildungszeit auch die Verlockungen des Pariser Lebens in vollen Zügen, – auch wenn er meist pleite war: «Er hatte keinen Sou, aber er trug Hemden mit Spitzenmanschetten» berichtete rückblickend Renoir über das selbstbewusste, dandyhafte Auftreten seines Freundes. «Zu einer Schülerin, einem hübschen, aber vulgären Mädchen, das ihm Avancen machte, sagte er: Entschuldigen Sie bitte, ich schlafe nur mit Herzoginnen oder Mägden. Die Mitte ekelt mich an. Das Ideal wäre die Magd einer Herzogin.»

2. Erste Erfolge

Im Frühjahr 1865 war es so weit: Erstmals betrat Monet die große Bühne des Salons, auf die sich die gesamte Aufmerksamkeit der kunstinteressierten Öffentlichkeit in aller Welt richtete. Als Monet sieben Jahre zuvor das erste Mal den Salon besucht hatte, hatte er in einem Brief den Mangel an guter maritimer Malerei beklagt. Kein Wunder, dass er diesen immer noch bestehenden Mangel nun zu seinem Vorteil nutzte.

Während Boudin und Jongkind meist im kleineren Format arbeiteten, entschied sich der selbstbewusste Debütant gleich dafür, zwei jeweils 90 × 150 cm große Seestücke (Abb. 4 und 5) einzureichen. Das Format erhöhte einerseits seine Chancen, in der Fülle der präsentierten Arbeiten aufzufallen, andererseits steigerte es aber auch das Risiko einer Ablehnung. Zudem ist es bei einem großen Format schwieriger, eine in sich geschlossene, aber dennoch lebendige Darstellung zu entwerfen. Doch Monets Plan ging auf. Beide Gemälde wurden von der Jury zugelassen, von der Kritik wahrgenommen und sogar gelobt: «M. Monets zwei Seestücke sind fraglos die besten der Ausstellung», konstatierte ein Journalist. «Die Farbgebung ist frisch und eindeutig, die Brise so scharf wie auf hoher See und die Behandlung des Themas neu und ursprünglich.» Mit dem bewegten Pinselstrich, der Unmittelbarkeit und der genauen Naturbeobachtung machte der junge Künstler bei seinem Debüt auf sich aufmerksam, auch wenn sein Bildthema noch konventionell war. Zusätzliche Aufmerksamkeit erlangte Monet dadurch, dass er die beiden Arbeiten als Pendants anlegte, die zwar unterschiedliche Landschaftsausschnitte zeigen, die er aber durch die gemeinsame Horizontlinie und den identischen Maßstab in direkten Bezug setzte.

Durch sein Salon-Debüt 1865 motiviert, versuchte Monet im Jahr darauf an diesen Erfolg mit einem noch größeren Format

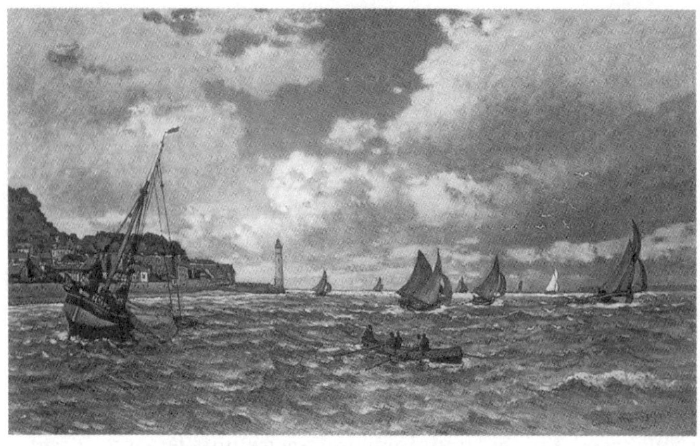

4 Claude Monet: Die Seinemündung bei Honfleur, 1865, Norton Simon Museum, Pasadena, Kalifornien

anzuknüpfen und nun durch ein modernes Thema auf sich als jungen, innovativen Maler aufmerksam zu machen. 400 mal 600 cm misst die Leinwand für das *Frühstück im Grünen*, das er in seinem Pariser Atelier malte (Abb. 6). Das gigantische Format zielte darauf ab, einer alltäglichen Szene bürgerlicher Entspannung den Status einer Historienmalerei zuzuschreiben. Ausschließlich wichtigen historischen Ereignissen oder Personen waren gewöhnlich solche Leinwandformate vorbehalten. Von Monets Gemälde sind nur noch ein kleinerer Entwurf sowie Fragmente enthalten. Angeregt wurde Monet durch Édouard Manets Gemälde desselben Titels, das er zwei Jahre zuvor im erstmals stattfindenden Salon des réfuses – hier wurden die vom offiziellen Salon abgelehnten Werke ausgestellt – gesehen hatte. Hauptanziehungspunkt dort war Manets Skandalbild, das eine in einem Wald sitzende Picknickgruppe mit einem nackten weiblichen Modell zeigt, welches dem Betrachter selbstbewusst in die Augen schaut (Abb. 7). Während Manet etliche kunsthistorische Bezüge zur Renaissance in seine Darstellung einbaute, entwarf Monet eine zeitgenössische Version des Themas mit modisch gekleideten Parisern, die er nach Vorbildern aus Mode-

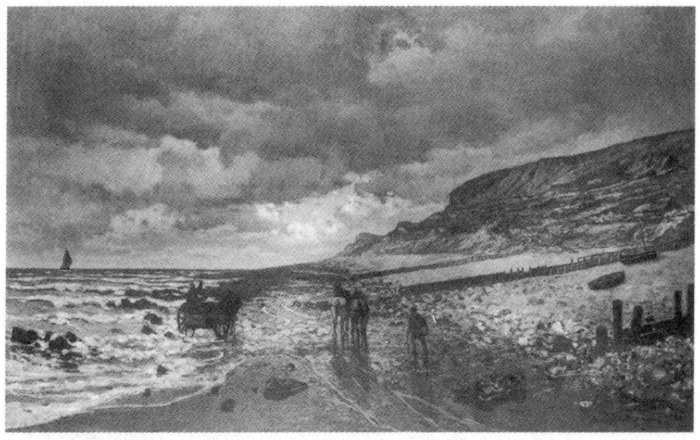

5 Claude Monet: Das Kap von La Hève bei Ebbe, 1865, Kimbell Art Museum, Fort Worth, Texas

illustrierten gestaltete. Als Modelle dienten ihm seine Freundin und spätere Ehefrau Camille Doncieux, die in der unmittelbaren Nachbarschaft wohnte und sein wichtigstes Modell wurde. Auch Bazille und angeblich Courbet, dessen ganz dem Realismus verpflichtete Landschaftsmalerei Monet bewunderte, sind auf dem Bild zu erkennen.

Trotz aller Bemühungen gelang es Monet nicht, das monumentale Gemälde rechtzeitig für den Salon fertigzustellen. Um die Gelegenheit nicht ungenutzt verstreichen zu lassen, reichte er stattdessen eine Studie aus dem Wald von Fontainebleau sowie das angeblich in wenigen Tagen gemalte großformatige Porträt seiner Freundin *Camille im grünen Kleid* (Abb. 8) ein. Wie bei *Frühstück im Grünen* nutzte Monet auch bei diesem Gemälde Abbildungen aus Modemagazinen als Anregungen. Dabei ist das Vorbild Manet, der unter jungen Künstlern als herausragendes Talent galt, erneut so präsent, dass ein Karikaturist sich den Spaß erlaubte, zu fragen: «Monet oder Manet? – Monet. Aber es ist Manet, dem wir diesen Monet verdanken. Bravo, Monet! Vielen Dank, Manet!» Von dem Werk ebenfalls begeistert war Émile Zola, der ein wichtiger Fürsprecher von

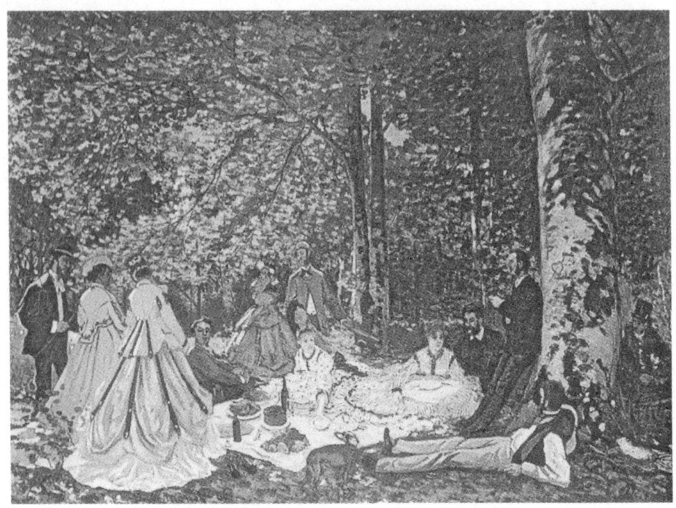

6 Claude Monet: Das Frühstück im Grünen, 1865/66 (Studie), Puschkin Museum, Moskau

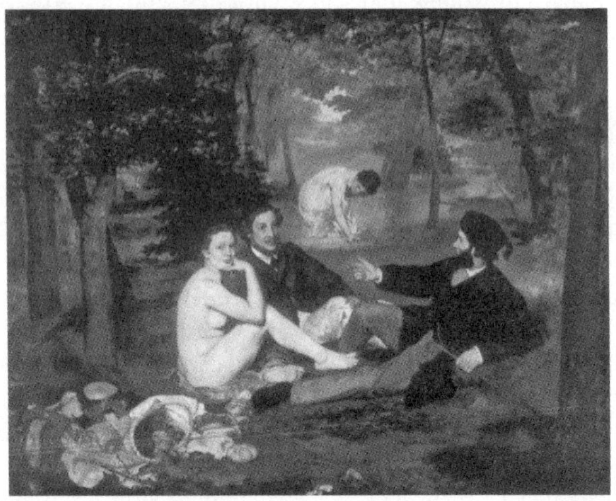

7 Édouard Manet: Das Frühstück im Grünen, 1863, Musée d'Orsay, Paris

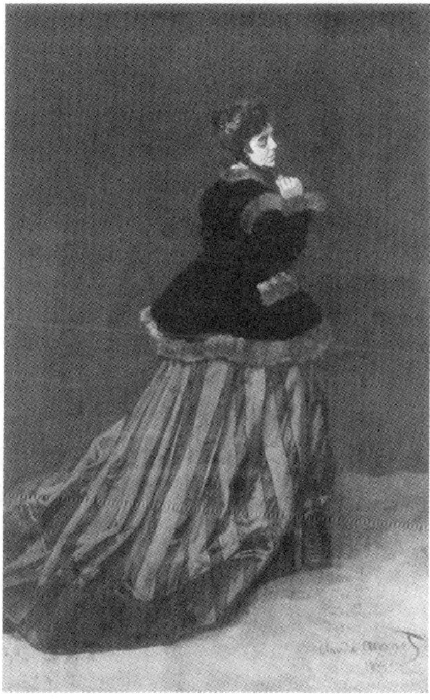

8 Claude Monet: Camille im grünen Kleid, 1866, Kunsthalle Bremen

Manet war: «Monet kenne ich nicht, glaube, bisher noch kein einziges Bild von ihm gesehen zu haben. Doch fühle ich mich fast wie einer seiner alten Freunde, was daran liegt, dass sein Bild mir über Kraft und Wahrheit ganze Bände erzählt. Oh, ja, hier ist einer mit Temperament, hier ist ein Mann unter all den Eunuchen.» *Camille* erhielt aber auch in den Salon-Besprechungen der konservativen Kritiker viel Lob, wobei Monets lebensechter Darstellung des Seidengewebes besondere Bewunderung zukam.

In diesem bewusst gesuchten Konkurrenzverhältnis zu Manet zeigt sich, wie strategisch Monet bereits zu Beginn seiner Karriere vorging, als er sein Themenspektrum von der Landschaftsdarstellung auf die Figurenmalerei ausweitete. Mehrere der von Monet für den Salon gemalten Bilder beziehen sich ganz explizit auf Werke seines Malerkollegen, der schon damals der Liebling der Kunstkritik war.

Der Erfolg mit *Camille* spornte Monet an, im nächsten Jahr, also 1867, mit dem Gemälde *Frauen im Garten* noch mehr im Salon zu riskieren (Abb. 9). Erneut wählte er ein großes Format, das er diesmal sogar vorrangig im Freien malte. Ein Graben und ein Flaschenzug ermöglichten es ihm, die 256 × 208 cm große Leinwand abzusenken und dadurch die oberen Bildbereiche ebenfalls zu bearbeiten. Auch wenn der locker geführte Pinselstrich und die eingefangenen Lichtreflexe Monets Bemühungen um Unmittelbarkeit andeuten und sein zunehmendes Interesse an Licht- und Farbeffekten widerspiegeln, wirkt das Gemälde starr und stilisiert. Zur Enttäuschung des Künstlers wurde *Frauen im Garten* von der Jury nicht zum Salon zugelassen. Aber auch die Werke seiner Freunde Bazille, Pissarro, Renoir und Sisley fanden diesmal keine Gnade bei dem konservativen Auswahlkomitee. Es kritisierte das Fehlen eines erzählerischen Moments sowie den skizzenhaften Farbauftrag. In den Augen vieler Kritiker waren die Bilder der Impressionisten nicht zu Ende gemalt. Doch trotz der Ablehnung von Monets riesigem Gemälde berichtete Zola ausführlich in seiner Salon-Kritik über das Werk und den Maler, den er als Kopf einer neuen Künstlergruppe ausmachte, die er «Les Actualistes» nannte. Monet und seine Mitstreiter wären «Leute, die versuchen das Wesen der Dinge zu erspüren und deren Werke lebendig sind, weil sie diese direkt dem Leben abgeguckt haben.» In Monet erkannte der Schriftsteller einen «echten Pariser; er bringt Paris auf's Land. Er kann keine Landschaft malen, ohne Herren oder Damen in großer Toilette hineinzustellen. Sobald die Natur nicht den Stempel unserer Sitten trägt, scheint sie für ihn uninteressant zu werden. [...] Claude Monet hegt eine besondere Vorliebe für die vom Menschen modern gestaltete Natur.»

Monet beließ es nicht dabei. Wie wichtig es ihm war, als moderner, der Gegenwart zugewandter Künstler wahrgenommen

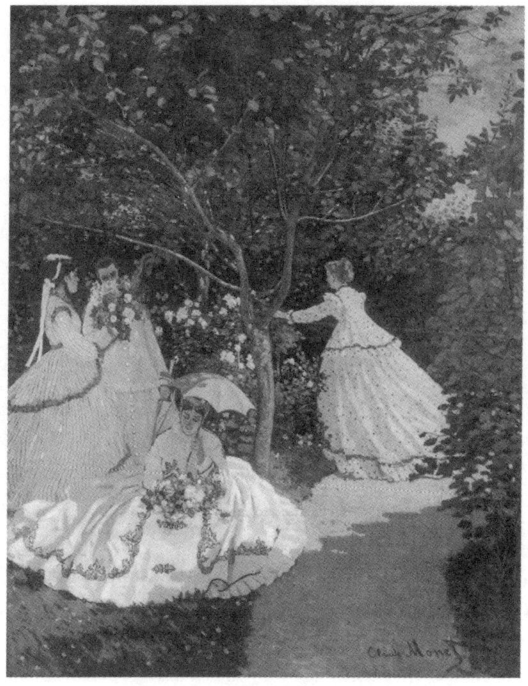

9 Claude Monet: Frauen im Garten, 1866, Musée d'Orsay, Paris

zu werden, zeigten auch seine anderen im Frühjahr 1867 gemalten Werke, in denen er sich der unter Napoleon III. und Baron Georges-Eugène Haussmann radikal verändernden Hauptstadt zuwandte. In der zweiten Hälfte des 19. Jahrhunderts wandelte sich Paris von einer durch mittelalterliche Strukturen geprägten Stadt zu der Metropole mit breiten Boulevards und großen Plätzen, wie wir sie heute kennen. Die zahllosen Neuerungen ließen die Hauptstadt fortschrittlich erscheinen; sie galt damals als die modernste Stadt der Welt und wurde zu einer wichtigen Inspirationsquelle für die Impressionisten. Monets Idee war es, vom Balkon des ehrwürdigen Louvres – schon damals das größte

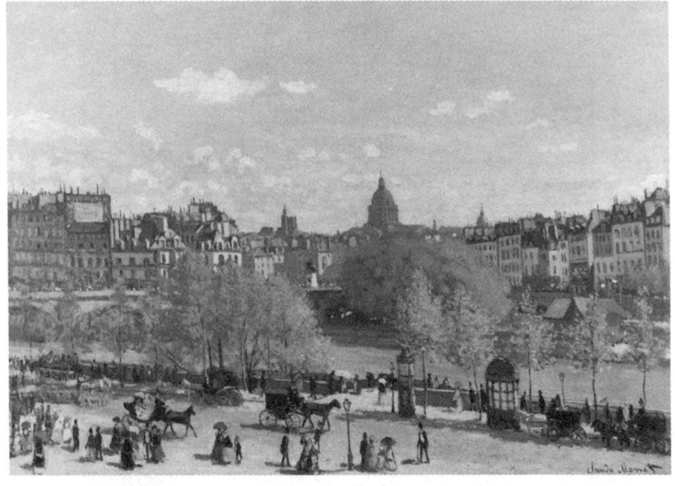

10 Claude Monet: Quai du Louvre, 1867, Gemeentemuseum, Den Haag

und wichtigste Museum der Welt – den Blick auf Paris zu malen. Beim Generaldirektor der staatlichen Museen, Graf Nieuwerkerke, beantragte er hierfür eine Genehmigung. Aus inhaltlichen Gründen war ihm genau dieser Ort wichtig. Monets dort entstandene drei Veduten, darunter der *Quai du Louvre* (Abb. 10), wirken zunächst wie Darstellungen realen Lebens: Man sieht flanierende Spaziergänger und wartende Kutschen. Was wie ein zufällig festgehaltener Alltagsauschnitt erscheint, ist jedoch sorgfältig komponiert. Dabei setzte Monet alles daran, das feine Geflecht aus Blickachsen, Farbharmonien und inhaltlichen Bezügen so natürlich und selbstverständlich wie möglich erscheinen zu lassen. Gekonnt inszenierte der Künstler das Aufeinandertreffen von Altem und Neuem: Während junge Bäume, Straßenlaternen und ein Kiosk den Weg säumen – allesamt Indizien für die von Baron Haussmann modernisierte Hauptstadt –, gibt eine Lücke zwischen den Bäumen den Blick auf zwei Sinnbilder des alten Paris frei: das auf dem Pont Neuf errichtete Reiterstandbild Heinrichs IV. und die Kuppel des Panthéon. Die eigentliche Pointe und zugleich besondere Radikalität der Darstellung liegt in dem, was in dem Gemälde nicht abgebildet ist: Wie ein Museumsbesucher, der des Betrachtens der ausgestellten Kunst überdrüssig ist, wendet Monet den Alten Meistern in den Galerien des Louvre den Rücken zu und schaut vom Balkon auf das «echte» Leben. Anders als die meisten seiner Kollegen, die im Louvre viel Zeit mit dem Kopieren ebenjener vielbewunderten Meisterwerke verbrachten, demonstriert er in dem Bild sein Desinteresse an dieser akademischen Praxis. Nicht seinen Vorgängern gilt seine Aufmerksamkeit, sondern dem Hier und Jetzt; allein das ist es, was für Monet zählt. So verdeutlicht diese Darstellung einerseits Monets grundsätzliche künstlerische Haltung, andererseits zeigt sie, wie reflektiert der Künstler entschied – ohne sich zu seinem Vorgehen zu äußern. Wie so oft in der Kunstgeschichte sind die Argumente im Bild.

Dem Druck, sich dauerhaft im Salon durchzusetzen, standen zunehmend private und finanzielle Schwierigkeiten gegenüber. Als Monet auf dem Balkon des Louvres malte, war seine Freundin Camille Doncieux schwanger. Das uneheliche Verhältnis zu seinem Modell ließ sich nicht länger verbergen. Camille, sieben Jahren jünger als er, war für Monets Familie keine standesgemäße Wahl. Vor allem sein Vater war entsetzt und verlangte die sofortige Trennung: Sollte Monet Paris dauerhaft verlassen und in die Normandie zurückkommen, werde ihm die Familie seinen unsteten Lebensstil verzeihen und ihn wieder unterstützen. Nur zum Schein ließ sich Monet auf diese Forderung ein und verbrachte den Sommer im Ferienhaus seiner Tante in Sainte-Adresse. Hier war er auch, während Camille in Paris am 8. August den gemeinsamen Sohn Jean zur Welt brachte. Heimlich hielt Monet weiterhin Kontakt zu seiner Freundin und versorgte sie mit Geld. Gegen den Widerstand seines Vaters entschied sich der Künstler im Herbst dann doch zu einer Rückkehr in die Hauptstadt. Ein Leben ohne Camille und Jean war für ihn nicht vorstellbar.

Trotz der emotionalen und finanziellen Schwierigkeiten zählt dieser Lebensabschnitt zu den produktivsten Phasen in Monets Karriere. In dieser Zeit entwickelte er die Grundzüge des Impressionismus. Zu den Schlüsselbildern gehört *Der Garten bei*

Sainte-Adresse (Abb. 12), das er im Sommer 1867 malte – in jener Zeit also, die er ohne Camille in der Normandie verbrachte. Das Gemälde zeigt aus einer erhöhten, seltsam unbestimmten Betrachterposition den Blick auf eine sonnenbeschienene, mit Blumen bepflanzte Terrasse direkt an der Atlantikküste. Im Vordergrund der Darstellung sitzen auf Korbstühlen ein Mann mit Panamahut und eine Frau mit Sonnenschirm. Die Rücken zum Betrachter gekehrt, schauen sie hinüber zu einem nicht weniger elegant gekleideten jüngeren Paar, das in ein Gespräch vertieft an der Brüstung steht. Eingerahmt werden sie von zwei Fahnenmasten, an denen die Trikolore und eine rot-gelbe Flagge wehen; letztere vermutlich das Zeichen eines lokalen Segelklubs. Auf dem Meer fahren unzählige Segelboote und Dampfer.

Obwohl der Farbauftrag des Gemäldes schematisch und weniger spontan als in Monets vorherigen Werken ist, beeindruckt *Garten von Sainte-Adresse* durch die leuchtende Farbigkeit, die hier erstmals voll zur Geltung kommt. Das gedämpfte, brauntonige Kolorit früherer Darstellungen ist verschwunden. Besonders deutlich ist die Farbigkeit bei den wie beiläufig hingetupften Blumen, die in Rot, Gelb, Weiß und Blau um die Wette strahlen. Monet hat die Farben direkt aus der Tube auf die Leinwand aufgetragen, ohne sie miteinander zu vermischen. Der Kontrast erzeugt eine Leuchtkraft, die in der Malerei des 19. Jahrhunderts bis dahin ungewöhnlich war. Strebten Künstler ansonsten nach möglichst harmonischen, aufeinander abgestimmten Farbakkorden, brach Monet mit dieser Vorstellung hier radikal. Sein selbstbewusster Einsatz von Buntfarbigkeit war durch Japanische *Ukiyo-e*-Drucke inspiriert. «Claude Monet war der Erste unserer Landschaftsmaler, der den Mut hatte, so weit wie die Japaner beim Einsatz der Farbe zu gehen», bemerkte der mit dem Künstler befreundete Kritiker Théodore Duret rückblickend. Schon 1868, also nur ein Jahr nach Entstehen des *Garten von Sainte-Adresse*, hatte der Schriftsteller und Künstler Zacharie Astruc Monet als Japonisten und «gewissenhaften Nachfolger von Hokusai» bezeichnet, während Renoir von dem Bild als «das japanische mit den kleinen Flaggen» sprach. Neben der markanten Farbigkeit ist auch die horizontal

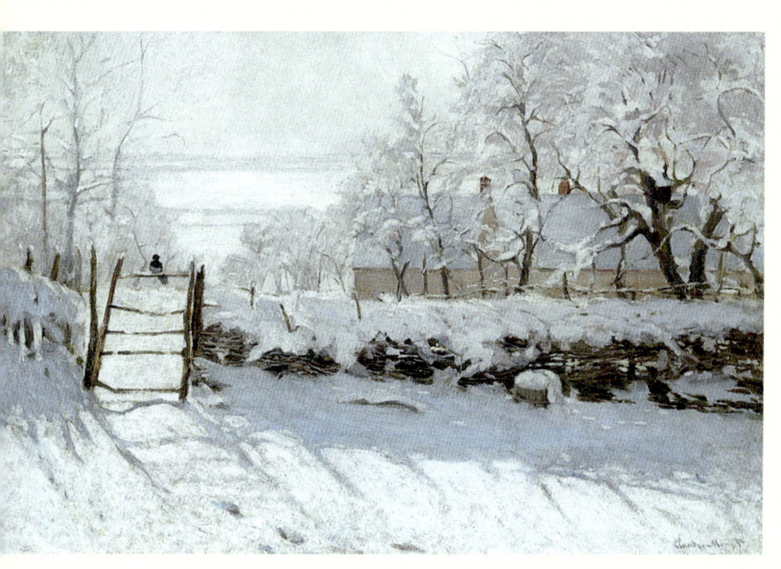

11 Claude Monet: Die Elster, 1868/1869, Musée d'Orsay, Paris

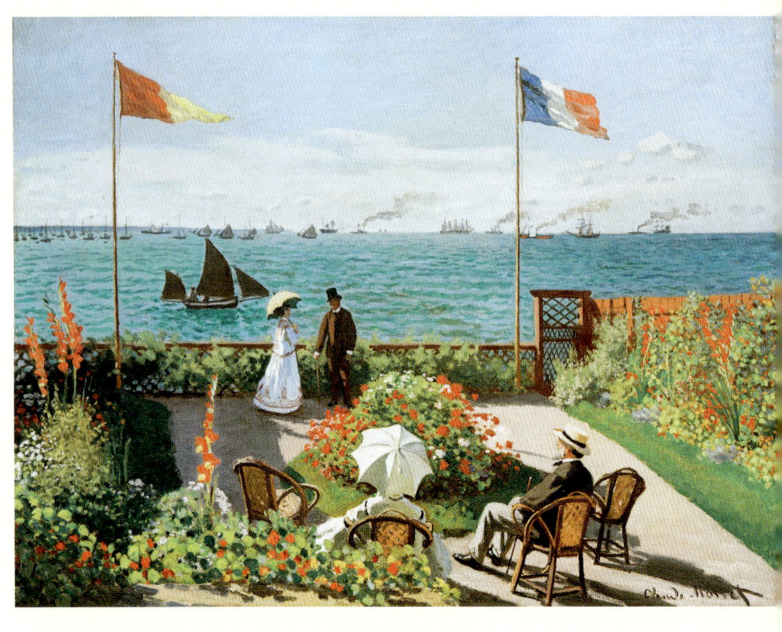

12 Claude Monet: Der Garten von Sainte-Adresse, 1867, The Metropolitan Museum of Art, New York

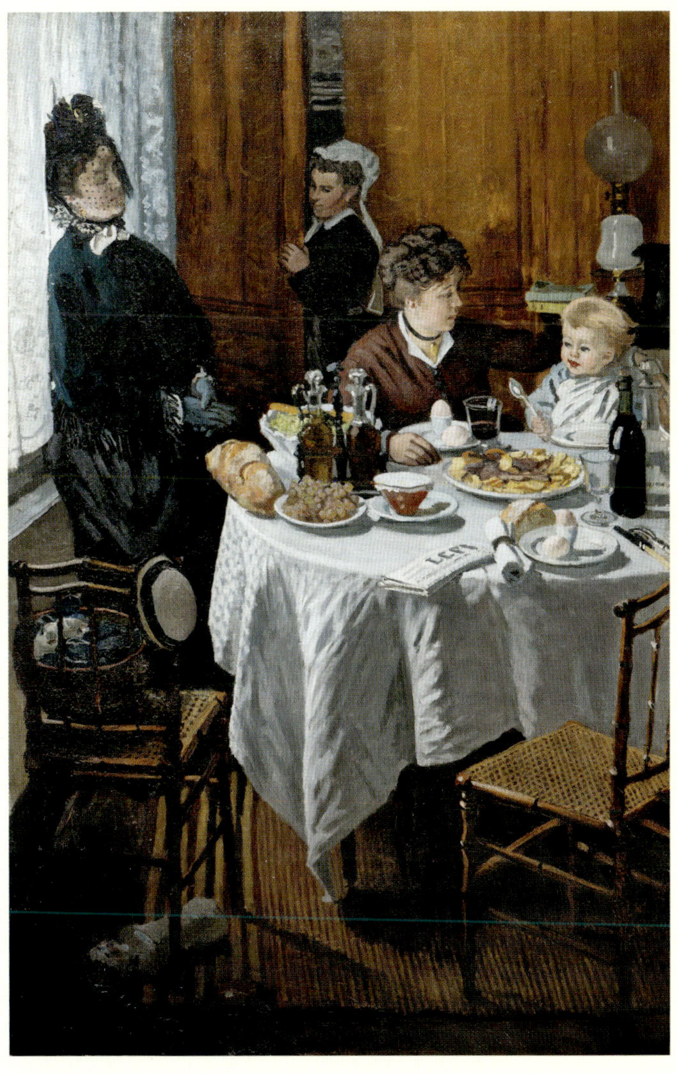

13 Claude Monet: Das Mittagessen, 1868/69, Städel Museum, Frankfurt am Main

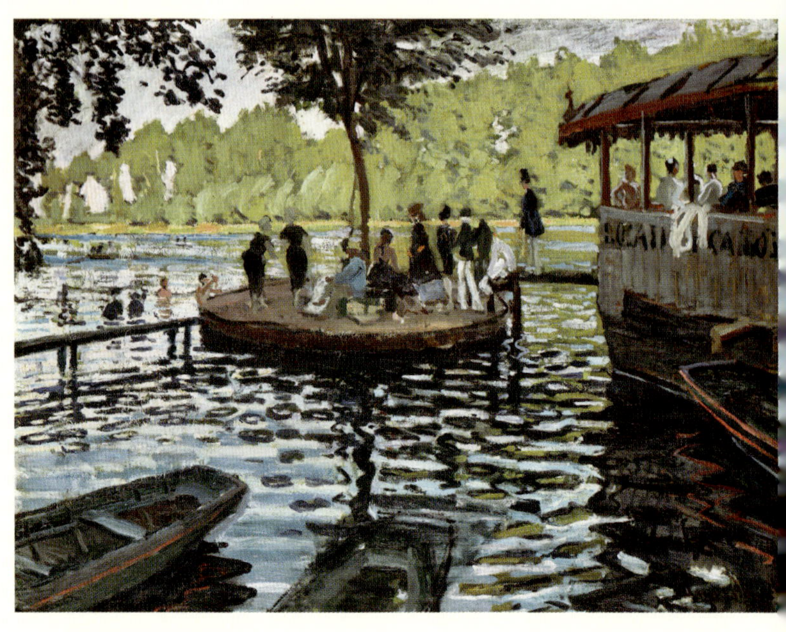

14 Claude Monet: La Grenouillère, 1869, The Metropolitan Museum of Art, New York

angelegte Bildkomposition, die dem Betrachter keinen eindeutigen Standort zuweist, sicherlich durch Monets Studium japanischer Farbholzschnitte zu erklären. Gewagte Bildausschnitte, fehlende Horizontlinien und das Arbeitsprinzip der Serie – Elemente die vor allem in späteren Werken Monets bestimmend werden, gehen ebenfalls auf seine genaue Kenntnis dieser Graphiken zurück.

Monet war nicht der einzige Künstler, den Japan in seinen Bann zog. 200 Jahre lang hatte sich das asiatische Land von der Welt abgekapselt. Als es sich 1854 politisch und wirtschaftlich öffnete, setzte in Europa ein regelrechter Japan-Boom ein, der sämtliche Kunstbereiche erfasste. Auch Renoir, Manet, Degas und zahlreiche weitere Künstler sammelten japanische Farbholzschnitte und tauschten sich darüber aus. Sie verstanden die fernöstlichen Vorbilder als eine Schule des Sehens, um ihre eigenen durch die westliche Kunstgeschichte geprägten Sehgewohnheiten zu erweitern. Wie wichtig gerade für Monet die fernöstliche Kunst zeitlebens als Inspirationsquelle war, zeigt bis heute die Einrichtung seines späteren Wohnhauses in Giverny, dessen Wände gleich in mehreren Räumen mit Japanischen Farbholzschnitten dekoriert sind.

Die überbordende Farbigkeit in dem Gemälde *Garten von Sainte-Adresse* steht – genau wie die idyllische Szenerie mit Sonne, Meer und Blumen – in einem merkwürdigen Kontrast zu der Steifheit der vier dort abgebildeten Personen. Wie auf einer Bühne stehen sie auf der Terrasse, ohne überhaupt Notiz von der idyllischen Umgebung zu nehmen. In der Literatur ist wiederholt auf einen möglichen Zusammenhang zwischen den beiden im Vordergrund Sitzenden und dem an der Brüstung stehenden Paar hingewiesen worden, bei denen es sich um Familienmitglieder Monets handeln könnte. Durchaus denkbar ist, dass Monet mit dem Gemälde vielleicht sogar auf seine eigene schwierige Lebenssituation durch die Entfremdung von seiner Familie anspielte.

Finanzielle Hilfe bekam der Künstler durch Louis Gaudibert, einen wohlhabenden Reeder, der ihn bat, ein Porträt von seiner Ehefrau zu malen, und ihm hierfür ein kleines Haus in der Nähe des normannischen Küstenortes Étretat zur Verfügung stellte. Es war das erste Mal, dass Monet mit Camille und Jean ohne finanzielle Sorgen zusammenlebte und so etwas wie familiäres Glück erlebte. «Ich bin hier umgeben von allem, was ich liebe. Meine Zeit verbringe ich im Freien. [...] Abends, mein lieber Freund, finde ich in meinem Häuschen ein warmes Feuer und eine nette kleine Familie», berichtete Monet im Dezember 1868 Bazille. In dieser Situation begann der 28-Jährige mit einem seiner ehrgeizigsten Werke, dem monumentalen, 231 × 151 cm messenden Gemälde *Das Mittagessen* (Abb. 13), das zugleich den Höhe- und Endpunkt seiner großformatigen Figurendarstellungen markiert. Das Gemälde, für das er keinen Auftrag hatte, ist von Brauntönen dominiert und erzeugt durch sein Format und die Farbgebung nicht zufällig den Eindruck eines Altmeistergemäldes, da es für die Präsentation im Salon bestimmt war. Das Werk zeigt Camille, die sich im holzgetäfelten Salon liebevoll dem neben ihr am Esstisch sitzenden Jean zuwendet. Keine Beachtung schenkt die Hausherrin dem Dienstmädchen, das am Wandschrank, und einer eleganten schwarz gekleideten Dame, die am Fenster steht. Durch eine Gardine hinter der Besucherin fällt Tageslicht auf die gedeckte Mittagstafel. Auf der hellen Tischdecke sind Brot, Marmelade, Wurst, Eier, Kartoffelscheiben, Trauben und Wein zu sehen. Im Vordergrund steht ein leerer Stuhl, auf dem der Künstler selbst gesessen haben könnte. Monet hat dieses Arrangement mit viel Sinn für die unterschiedliche Qualität der Licht- und Schattenverläufe angerichtet. Die Szene wirkt wie aus dem Leben gegriffen, als handele es sich um eine spontane Begegnung im privaten Heim des Künstlers. Doch auch diese Komposition ist im Malprozess sorgsam arrangiert worden, wie eine Röntgenaufnahme des Bildes (Abb. 15) beweist. Jean saß ursprünglich im Zentrum des Bildes auf dem Schoß seiner Mutter, die, genau wie die Besucherin, zum Fenster blickte. Wie schon in früheren Darstellungen Monets stand Camille vermutlich Modell für beide Frauen. Mit der Magd im Bildhintergrund fügte der Künstler eine weitere Person in die Darstellung ein; zudem arrangierte er etliche Gegenstände um. Nicht nur die dargebotene Spontaneität täuscht, auch die bürgerliche Idylle

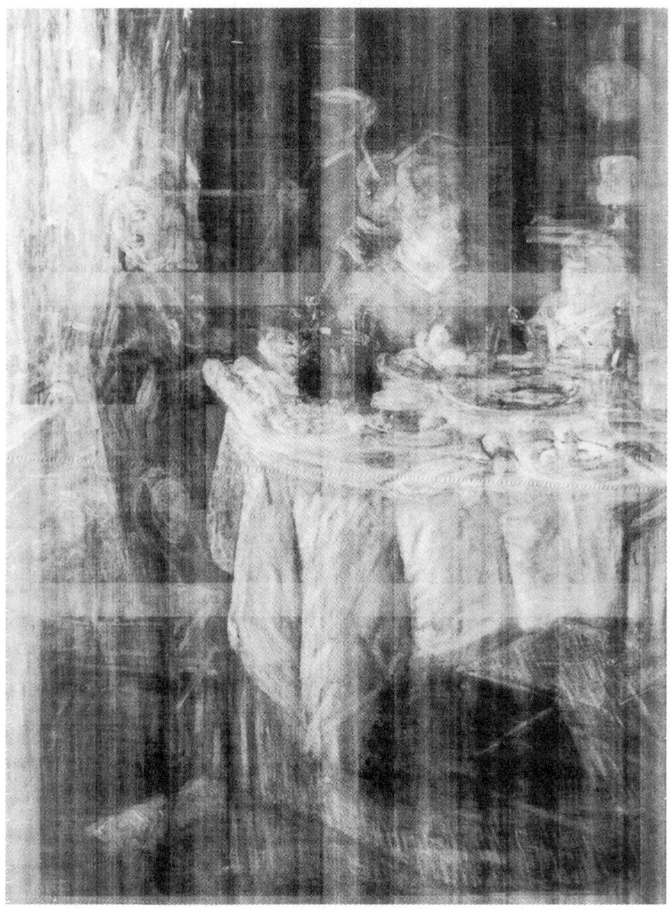

15 Claude Monet, Das Mittagessen (Abb. 13), zusammengesetzter digitaler Röntgenscan

stimmte nicht mit der Lebenswirklichkeit überein. Das, was nach trautem Elternglück aussieht, entsprach nicht den gesellschaftlichen Vorstellungen einer Familie: ohne Trauschein mit unehelichem Kind. Gerade in ihrer Selbstverständlichkeit war die Darstellung eine gezielte Provokation und eine Kritik an den herrschenden Konventionen. Zudem war es das erste Mal in der Kunstgeschichte, dass ein Künstler sein privates Interieur in einem so großen Format darstellte.

Warum Monet das 1869 fertiggestellte Werk auf 1868 vordatierte und dann nicht gleich, sondern erst im Folgejahr im Salon einreichte, darüber ist viel spekuliert worden. Vermutlich hatte er Angst vor seinen Gläubigern, die zuvor ausgestellte Bilder beschlagnahmen ließen. Ein Verlust dieses für ihn so wichtigen Gemäldes hätte ihn schwer getroffen. Umso mehr lässt sich Monets Enttäuschung verstehen, als die als liberal geltende Salon-Jury 1870 sein Bild – wie üblich ohne Begründung – ablehnte, während alle Arbeiten seiner Freunde akzeptiert wurden. An Bazille, seinen engsten Freund und Jeans Patenonkel, hatte Monet im Dezember 1868 geschrieben: «Ich werde ihn [Jean] für den Salon malen, mit anderen Figuren, wie es sich gehört. Ich werde dieses Jahr zwei Figuren-Darstellungen malen, ein Interieur mit einem Baby und zwei Frauen, und einige Matrosen im Freien, und ich werde das in einer großartigen Weise tun.» Ob Monet seine Matrosendarstellung realisiert hat, ist nicht bekannt.

Mit *Das Mittagessen* wurde auch Monets zweite Einreichung, die seit dem Zweiten Weltkrieg verschollene *Grenouillère*, von der Salon-Jury abgelehnt. Eine etwas kleinere, heute zur Sammlung des Metropolitan Museum in New York gehörende Variante dieser Darstellung vermittelt einen Eindruck des Bildes (Abb. 14). Nachdem Monet im Frühjahr 1869 *Das Mittagessen* beendet hatte, verbrachte er zusammen mit Renoir im Spätsommer mehrere Wochen in Bougival. Der bei Tagestouristen aus der Hauptstadt beliebte Ort am linken Seineufer war für sein Freizeitbad bekannt. Hier trafen sich die jungen Pariser zum ausgelassenen Badevergnügen. Direkt zwischen den Badenden bauten die beiden Künstler ihre Staffeleien auf und malten mit schnellem Strich die Freizeithungrigen. Monets dort entstandene Gemälde, die sich durch den vom Gegenstand lösenden Farbauftrag in Renoirs Bildern unterscheiden, gelten heute als Geburtsstunde der impressionistischen Freilichtmalerei.

Im Zentrum der Darstellung steht der sogenannte Camembert, eine kleine Badeinsel, die von zwei Seiten über Holzstege betreten werden konnte. Im Hintergrund breitet sich das Wasser aus, das an eine Baumreihe angrenzt. Vom rechten Bildrand angeschnitten, liegt das Ausflugscafé. Obwohl auf dem Gemälde zahlreiche Menschen zu sehen sind – im Wasser, auf der Insel und im Café –, ist offensichtlich, dass Monets Aufmerksamkeit weniger den Figuren als den mit breiten Pinselstrichen gesetzten Reflexionen der Wasseroberfläche galt. Die horizontal geführten Striche scheinen sich von der Darstellung des Wassers zu lösen. Mit der leuchtenden Farbigkeit, den Grün-, Rosa-, und Blautönen, erzeugen sie ihr eigenes visuelles Spiel. Die an der unteren Bildkante gruppierten Ruderboote weisen zusätzlich wie Pfeile auf dieses Lichtspiel hin, das die gesamte Darstellung dominiert. So wird deutlich, dass es Monet hier nicht mehr um die bloße Nachahmung ging. Nie zuvor war sein Pinselstrich freier, zeigte sich so deutlich sein Bemühen, sich malerisch von der naturgetreuen Wiedergabe des Objekts zu lösen.

Auch wenn offensichtlich ist, dass Monet sich kaum für das Motiv des Ausflugslokals interessierte, boten sich ihm hier ideale Möglichkeiten für seine visuellen Experimente. Ein solcher Ort galt in der freizeithungrigen Pariser Gesellschaft als *en vogue* – zudem hatte wenige Wochen zuvor Napoleon III. den sogenannten Froschteich besucht, worüber in der Presse ausführlich berichtet worden war. Der Besuch des Kaisers hatte dem Darstellungsgegenstand zusätzliche Legitimation verliehen. Vermutlich war den Künstlern auch nicht entgangen, dass im Frühjahr 1869 zwei Werke heute vergessener Akademie-Maler mit dem Motiv der Grenouillère in der Salon-Ausstellung hingen. Vielleicht bestärkte dies Monet, bei seinen Bildern von der Grenouillère wagemutiger zu sein, womit er zur Entstehung des Impressionismus entscheidend beitrug.

Durch die Einreichung des *Mittagessens* und der *Grenouillère* im Salon von 1870 wollte Monet die ganze Bandbreite seines künstlerischen Könnens demonstrieren. Neben der im Farbauftrag eher traditionell aufgefassten Interieurszene, die durch den komplexen Bildaufbau und das monumentale Format beeindruckte, sollte die Badeszene den Besuchern die andere Seite seines Schaffens vor Augen führen. Letztere zeigte den Weg auf, den Monet ab jetzt konsequent verfolgte. Nach der als besonders bitter empfundenen Zurückweisung dieser beiden Hauptwerke durch den Salon orientierte sich Monet neu und besann sich auch auf seine künstlerischen Anfänge als Landschaftsmaler. Diese Ablehnung markierte für ihn den Bruch mit dem Salon und der Figurenmalerei. Fortan verzichtete nicht nur Monet (mit einer Ausnahme: 1880) darauf, Bilder dort einzureichen. Es war nun offensichtlich, dass seine Zukunft nicht im staatlich sanktionierten Salon lag und er sich nach einer anderen Ausstellungsmöglichkeit umsehen musste.

3. «Harmonie der wahren Farben»

Am 28. Juni 1870 unterschrieben Oscar Claude Monet und Camille-Léonie Doncieux im Bürgermeisteramt des VIII. Arrondissements in Paris ihre Heiratsurkunde. Ihre Trauzeugen waren Gustave Courbet, der Journalist Antoine Lafont, der Arzt Paul Dubois sowie ein entfernter Verwandter des Bräutigams. Von einer kirchlichen Trauung und einem Hochzeitsfest sahen sie ab. Zu angespannt war die finanzielle Lage des Paares. Außerdem stand Monets Familie der Verbindung weiterhin ablehnend gegenüber. Das frisch vermählte Paar leistete sich aber eine Reise, die – wie stets bei Monet – auch zum Arbeiten genutzt wurde. Es ging in den mondänen Badeort Trouville-sur-Mer, südlich von Le Havre direkt am Atlantik gelegen. Für die kostspieligen Hotels mit Blick auf das Meer reichte ihr Budget nicht. Stattdessen fanden sie ein Zimmer in einer der vielen hinter der Promenade gelegenen Pensionen, dem Hotel Tivoli. Auch das Ehepaar Boudin hielt sich damals in Trouville auf; sie trafen sich häufig.

In Monets Gemälde *Der Strand von Trouville* (Abb. 16) sieht man Camille im hellen Kleid neben Madame Boudin am Strand sitzen. Es ist eine entspannte, alltägliche Szene. Obwohl Monet die beiden Damen nah an den Bildrand heranrückt, sind ihre Gesichter mit nur wenigen Strichen angedeutet. Wie in den zuvor entstandenen Gemälden widmete Monet auch hier der Personendarstellung dieselbe Aufmerksamkeit wie der Wiedergabe der Objekte: In der Bildmitte steht ein leerer, dem Betrachter zugewandter Stuhl. Es entsteht der Eindruck, als hätte dort bis eben der Maler gesessen, der sich nur kurz erhoben hat, um diese Szene mit schnellem Pinselstrich festzuhalten (vielleicht eine Reminiszenz an den leeren und ebenfalls im Bildvordergrund platzierten Stuhl in *Das Mittagessen*; Abb. 13). Und tatsächlich entstand dieses Gemälde direkt am Strand. Der Küstenwind hat in die noch feuchte Malschicht Sand- und sogar

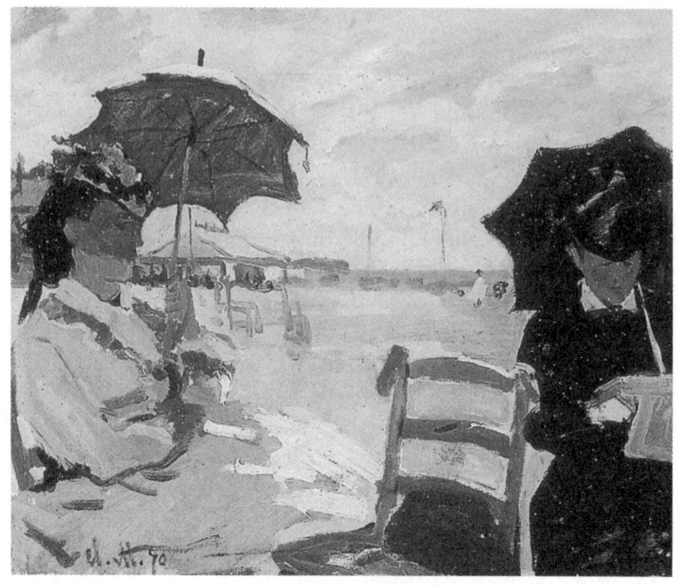

16 Claude Monet: Der Strand von Trouville, 1870, National Gallery, London

Muschelschalenreste geweht, die man noch heute mit bloßem Auge sehen kann. Trotz der unmittelbaren Nähe der beiden Damen im Vordergrund der Darstellung geht der Blick des Betrachters an ihnen vorbei: Genau in der Mitte der Komposition ist ein Ausschnitt des Strandes zu sehen. Seltsam haltlos springt der Blick zwischen Vorder- und Hintergrund hin und her. Nah- und Fernsicht treffen abrupt aufeinander. Monets Bildaufbau widerspricht radikal den damals üblichen Kompositionsprinzipien, die darauf angelegt waren, dem Betrachter solche «Zumutungen» zu ersparen. Monets Darstellung erinnert in ihrer ungeheuren Radikalität eher an eine wie zufällig aus der Hüfte geschossene Fotografie, lange bevor Schnappschüsse möglich waren. Gleichzeitig scheint die Motivwahl wie eine Hommage an seinen Mentor Boudin, der als Erster die bürgerliche Freizeitbeschäftigung als bildwürdig erkannte und sie in die Kunstgeschichte einführte. Boudins Werken (Abb. 2) fehlt jedoch die Dynamik, die einem das Gefühl gibt, man säße mit Camille und Madame Boudin am Strand.

Monets Beschäftigung mit dem bürgerlichen Freizeitleben beschränkte sich nicht auf das Strandleben. In seinem Gemälde *Das Hôtel des Roches Noires in Trouville* (Abb. 21) zeigt er die Terrasse des damals in ganz Frankreich berühmten Luxushotels. Wie schon zuvor deutet er die dargestellten Personen mit wenigen, flüchtig gesetzten Pinselstrichen an, sodass deren Identität unklar bleibt. Und auch die architektonischen Details der mondänen Fassade interessierten Monet offensichtlich nicht; er umriss sie nur grob. Ohne den Hinweis im Gemäldetitel ließe sich das Hotel kaum identifizieren. Bestimmt wird der Bildaufbau von der im Vordergrund an einem Fahnenmast wild flatternden Flagge und der leeren, von der Sonne beschienenen Bodenfläche der Hotelterrasse. Höchst ungewöhnlich ist, dass bei der Flagge die Leinwand als Bildträger des Gemäldes mehrfach gut sichtbar ist, wodurch sie zugleich als Flaggenstoff dient. Diese Verdoppelung ist ein genialer Kunstgriff, durch den sich hier gemalte und materielle Wirklichkeit überlagern. Scheinbar beiläufig antizipiert Monet ein Bildkonzept, das erst in der zweiten Hälfte des 20. Jahrhunderts zum Thema wird, als junge Künstler wie Alberto Burri oder Antoni Tàpies begannen, die unbehandelte Leinwand zum eigentlich Bild zu erklären. Dies sind genau die überraschenden Momente, vermeintlich kleine Details, welche in Monets Malerei vollkommen selbstverständlich und unspektakulär daherkommen und sie so modern machen.

Dasselbe gilt für einen weiteren «Kunstgriff», der im Laufe der Jahre zu so etwas wie einem Markenzeichen der Impressionisten wurde und im *Hôtel des Roches Noires in Trouville* prominent in Szene gesetzt wird. Monet nutzt die sich vor dem Betrachter ausbreitende leere Bodenfläche der Terrasse, um den Schlagschatten des Hotels in einem dunklen Violett wiederzugeben. Schon in *Garten von Sainte-Adresse* (Abb. 12) erscheinen die Schatten der Fahnenmasten, Korbstühle und Blumenrabatten auf dem Kiesboden farbig, allerdings damals noch viel verhaltener, sodass diese erst auf den zweiten Blick sichtbar werden. Die Erkenntnis, dass die Schattengebung in der Malerei nicht nur aus dunklen Flächen bestehen muss, sondern auch farbig erscheinen kann, deckte sich mit wissenschaftlichen Untersuchungen der Zeit zur Perzeption von Licht und Farbe. Obwohl Monet später bestritt, von solchen Studien je beeinflusst gewesen zu sein, reflektiert seine Malerei diese Erkenntnisse, wonach Wahrnehmung stets ein dynamischer Prozess ist. Dies gilt auch für die Darstellung von Bewegung, die den Künstler genauso interessierte und die in *Hôtel des Roches Noires in Trouville* ebenfalls eine wichtige Rolle spielt. Nicht nur der Schatten, mehr noch die im Bildvordergrund wehende Flagge ist ständig in Veränderung und wird erst im Wind flatternd wirklich sichtbar. Der andauernde Konflikt der impressionistischen Malerei, sich dem Festhalten eines einzigen flüchtigen Moments zu widmen, das mit malerischen Mitteln nicht einzulösen ist, wird hier deutlich. Wie wichtig Monet dieser Zeit-Aspekt war, verdeutlicht eine Aussage des Künstlers von 1890, als er sich in einem Brief beklagt: «Ich arbeite immer langsamer, und das lässt mich verzweifeln. Aber je weiter ich gehe, desto mehr erkenne ich, dass es viel Arbeit erfordert, um das wiederzugeben, wonach ich suche: ‹Augenblicklichkeit›» Monets Interesse am Augenblick zeigt sich in seiner raschen, skizzenhaften Malweise, die den Moment möglichst unmittelbar und direkt auf die Leinwand bannen soll. Die Schnelligkeit seiner Malerei wurde mit der zunehmenden Geschwindigkeit des Lebens in Zusammenhang gebracht.

Das hohe Maltempo suggerierte auch, nicht genug Zeit gehabt zu haben, um das Gemälde nach akademischen Vorstellungen abzuschließen, was viele Kritiker bemängelten. «Tatsächlich wirkte jeder Pinselstrich nunmehr doppelt: illusionistisch (als die Darstellung eines kleinen Ausschnitts der Welt außerhalb des Bildes) und prozessual (als eine Manifestation von Maltechnik und deren zeitlicher Dauer», so André Dombrowski. Der Kunsthistoriker wies jüngst darauf hin, dass sich in den Industrienationen ab den 1870er-Jahren das Zeitempfinden radikal veränderte. Standardisierte Zugfahrpläne und Arbeits-

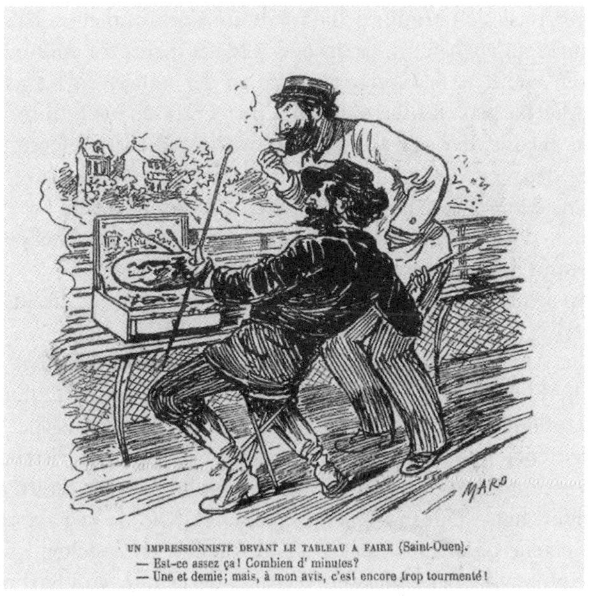

17 Mars: Ein Impressionist vor seinem Gemälde (Saint-Ouen): «So, das ist genug! Wie viele Minuten?» – «Eineinhalb; aber meiner Meinung nach ist es immer noch zu gekünstelt!» in: Le Journal amusant, 30. April 1881.

einheiten wurden zur Regel, und Erfindungen wie der Telegraf und der Einsatz von Elektrizität ermöglichten erstmals eine exakte Zeitkoordinierung. Vor diesem Hintergrund ist auch Monets Interesse am Thema Zeit und das Ringen um «Augenblicklichkeit» zu sehen. Es ist gut möglich, dass der Karikaturist Mars an Monet dachte, als er unter dem Titel «Ein Impressionist vor seinem Gemälde» (Abb. 17) zwei Maler darstellte, die sich über die benötigte Dauer für das Fertigstellen eines modernen Bildes unterhalten: «So, das ist genug! Wie viele Minuten?» – «Eineinhalb; aber meiner Meinung nach ist es immer noch zu gekünstelt!»

Monets in Trouville gemalte Bilder verströmen eine Leichtigkeit und Spontaneität, die seiner Kunst bis dahin fremd waren.

Davon, dass sich Frankreich damals am Vorabend eines Krieges gegen Preußen befand, ist in den Bildern nichts zu spüren. Sie wirken wie heitere Gegenentwürfe zu der nahenden Katastrophe, die Monet und die meisten seiner Freunde ins Exil treiben sollte. Bazille, der sich freiwillig zum Kriegsdienst meldete, war unter den ersten Gefallenen. Sein früher Tod verhinderte den Ruhm, den seine Mitstreiter später erlangten. Allein in Paris starben durch den Krieg und den sich daran anschließenden Aufstand der Kommunarden über 40 000 Menschen.

Um seiner Einberufung zu entgehen, reiste Monet direkt von Trouville nach London. Camille und Jean folgten einige Wochen später. Auch Boudin, Pissarro und Daubigny entschieden sich für die Flucht in die britische Hauptstadt. Unter den Exilanten war außerdem der Pariser Kunsthändler Paul Durand-Ruel, der in den folgenden Jahren zum einflussreichsten Galeristen der Impressionisten wurde. In der Kunsthandlung seiner Eltern ausgebildet, hatte Durand-Ruel 1859 in der Rue de la Paix seine erste eigene Galerie eröffnet. Zu den von ihm gehandelten Künstlern zählten die bekanntesten Vertreter der Schule von Barbizon, durch deren Erfolg er ein Vermögen verdiente. Durand-Ruel war für zahlreiche bis heute übliche Neuerungen im Galeriewesen verantwortlich: Der freie Ausstellungseintritt und das Zahlen eines festen Gehalts an die Künstler, wodurch diesen ermöglicht wurde, ihrer Arbeit ohne wirtschaftlichen Druck nachzugehen, gehen auf ihn zurück. Zu den Stars der Galerie gehörte auch Daubigny, der Durand-Ruel auf Monet aufmerksam machte und ihn überredete, diesen in seiner Londoner Dependance auszustellen. Obwohl der Galerist zunächst nicht von der künstlerischen Qualität seiner Werke überzeugt war, willigte er ein. Daubigny hatte sich verpflichtet, im Falle eines Misserfolgs sämtliche Bilder Monets durch eigene Werke kostenfrei zu ersetzen. Hierzu kam es nicht. Durand-Ruels gesellschaftlicher Einfluss und seine innovativen Verkaufsstrategien sollten einen entscheidenden Anteil am kommerziellen Erfolg der Impressionisten haben. Nicht ohne Grund bezeichnete ihn Monet noch Jahre später als seinen «Retter».

Neben diesem für den späteren Erfolg der Impressionisten

entscheidenden Kontakt, war der Aufenthalt in London für Monet auch in künstlerischer Hinsicht wichtig, obwohl er kaum Ruhe zum Malen fand und hier nur wenige Bilder entstanden. Gemeinsam mit Pissarro besuchte er stattdessen die Londoner Museen. Insbesondere die Kunst William Turners und John Constables motivierten ihn, in seinen eigenen Arbeiten dem Licht und der Stimmung ein noch größeres Gewicht zukommen zu lassen. «Wir waren vor allem über die Landschaftsmaler erstaunt, die unseren eigenen Studien in Bezug auf Freilicht, Luft und flüchtige atmosphärische Effekte so nahestanden», formulierte Pissarro rückblickend, und Monet ergänzte: «Ich bewunderte Turner sehr, [...] heute mag ich ihn viel weniger. Er ordnet die Farbe nicht genügend und verwendet sie zu reichlich.»

Unmittelbar nach Ende des Deutsch-Französischen Krieges 1871 verließen Monet und seine Familie England und reisten in den kleinen, bei Touristen beliebten Ort Zaandam nahe Amsterdam. Vermutlich war es Daubigny, der ihm den Hinweis gab, hier Station zu machen. «Man hätte hier ein ganzes Malerleben lang zu tun», schreibt der Künstler begeistert nach seiner Ankunft. Kanäle und Windmühlen, viel Wasser, flaches Land und weite Himmel dominieren die Gegend. Während Paris in Trümmern lag, war in dem idyllischen Ort vom Krieg nichts zu spüren. Und anders als in England hatte Monet hier die Ruhe, die er zum konzentrierten Arbeiten benötigte. Innerhalb weniger Wochen gelangen ihm in Zaandam etliche Bilder, die mit ihrer friedlichen Atmosphäre an seine in Trouville gemalten Werke anknüpften (Abb. 18). Dennoch blieb Holland eine Etappe auf dem Weg zurück nach Frankreich.

Als Monet mit seiner Familie im Herbst 1871 wieder in Paris eintraf, übernachteten sie zunächst in einem Hotel. Es war schwierig, in der von Kämpfen zerstörten Stadt eine dauerhafte Bleibe zu finden. Wochen der Ungewissheit folgten. Erst durch Manets Hilfe fand Monet in Argenteuil, zehn Kilometer außerhalb von Paris, ein kleines Haus mit Garten zur Miete. Das an der Seine gelegene Städtchen wurde für die nächsten sechs Jahre das Zuhause der Monets. Für den Künstler war der kleine Ort ideal, verband er doch zwei für seine Malerei grundlegende Ele-

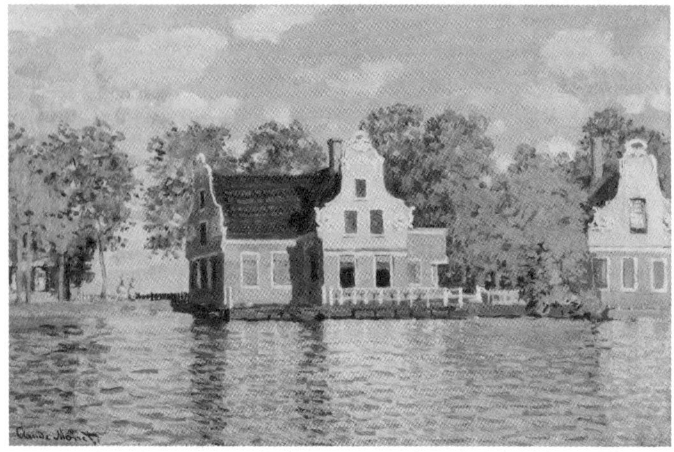

18 Claude Monet: Häuser am Ufer der Zaan, 1871, Städel Museum, Frankfurt am Main

mente: Stadt und Natur. Da der Ort über einen Bahnanschluss in die Hauptstadt verfügte, konnte er in einer halben Stunde in der Metropole sein und so weiterhin seine Geschäftsbeziehungen pflegen, ohne auf die Vorzüge des Landlebens verzichten zu müssen. Auch von seinen späteren, weiter abgelegenen Wohnorten in Vétheuil und Giverny aus hielt der Künstler stets engen Kontakt in die Hauptstadt. Zu Monets regelmäßigen Besuchern in Argenteuil zählten die mit ihm befreundeten Kollegen Sisley, Renoir, Manet sowie Gustave Caillebotte, der sich erst 1875 der Gruppe anschloss. Durch eine umfangreiche Erbschaft finanziell unabhängig, unterstützte Caillebotte seine Kollegen immer wieder großzügig durch Zuschüsse und gezielte Ankäufe. Innerhalb weniger Jahre wurde der Maler, der selbst ein eindrucksvolles Œuvre schuf, so zu einem der wichtigsten Impressionismus-Sammler; seine Bilder befinden sich heute im Musée d'Orsay in Paris.

Monets Jahre in Argenteuil gehören zu seinen produktivsten – der Kunsthistoriker Daniel Wildenstein bezeichnet sie sogar als das «goldene Zeitalter der impressionistischen Malerei».

Ein typisches Beispiel für Monets Landschaftsauffassung dieser Zeit ist das Gemälde *Mohnfeld bei Argenteuil* von 1873 (Abb. 22): eine idyllische Landschaft an einem herrlichen Sommertag. Im Vordergrund führen Camille und Jean den Blick des Betrachters in die Darstellung. Hinter ihnen entdeckt man eine weitere Frau mit Kind, vermutlich handelt es sich hierbei ebenfalls um Frau und Sohn des Künstlers. Was zunächst spontan erfasst wirkt, ist, wie stets bei Monet, sorgsam konstruiert. Sämtliche Bildelemente sind so geschickt aufgeteilt, dass nichts den harmonischen Seheindruck stört. Auch die zarten Farbtöne folgen diesem Credo, ordnen sich dem ausgewogenen Formgefüge unter. «Es ist eine sehr studierte Kunst, die sich auf Beobachtung und eine ganz neue Anschauung stützt. Es ist Poesie durch die Harmonie der wahren Farben», betonte Pissarro. Etwa 170 Landschaftsdarstellungen entstanden in Argenteuil und Umgebung, die bis heute maßgeblich unsere Vorstellung vom Impressionismus prägen. Es waren Bilder wie *Mohnfeld bei Argenteuil*, die bereits zu Monets Lebzeiten bei Kunsthistorikern wie Julius Meier-Graefe verklärte Ideen weckten, die bis heute nachwirken: «Die schönste Landschaft, die die Welt – unsere Welt – besitzt, ist die Umgebung von Paris, die in Monet die schönste künstlerische Darstellung gefunden hat.» In den hier entstandenen Gemälden fungiert die Natur als Sehnsuchts- und Freizeitort für den modernen Städter. Es wird spazieren gegangen, gepicknickt, gesegelt und gerudert. Monet hatte von seinem Haus in Argenteuil einen direkten Ausblick auf die Seine. Da sich der Fluss an dieser Stelle zu einem Bassin verbreiterte, wurde der Abschnitt häufig für Regatten genutzt, die viele Tagesausflügler nach Argenteuil lockten. Monet war ebenfalls von dem stetigen Treiben auf dem Wasser fasziniert. Fast die Hälfte seiner in Argenteuil gemalten Bilder zeigt den Fluss und seine Ufer. Um auch auf dem Wasser malen zu können, ließ er sich bereits kurz nach seinem Umzug nach Argenteuil ein Atelierboot bauen, wie es Daubigny seit Jahren für seine Malerei verwendete (Abb. 19, 20).

Obwohl Monets heiter verträumte Landschaftsdarstellungen dieser Jahre zunächst vollkommen frei von politischen Inhalten

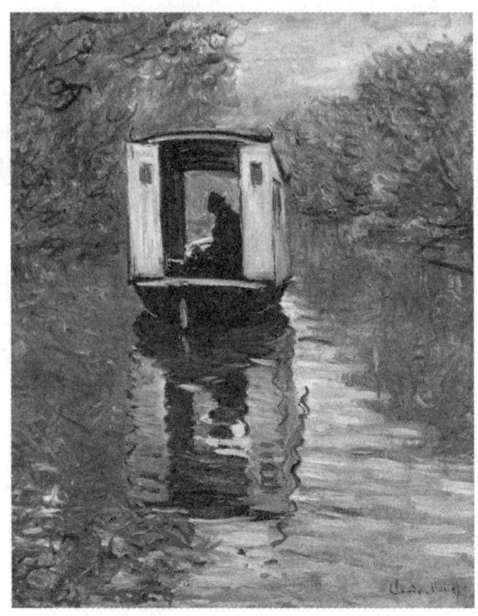

19 Claude Monet: Atelierboot, 1875,
Barnes Foundation, Philadelphia

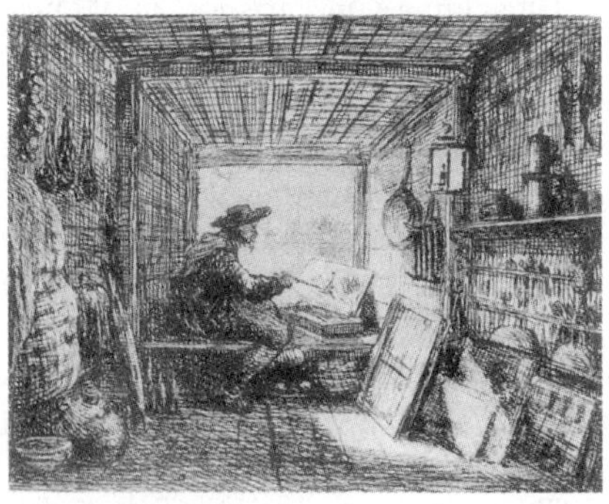

20 Charles-François Daubigny: Das Atelier auf dem Wasser,
1861, Privatbesitz

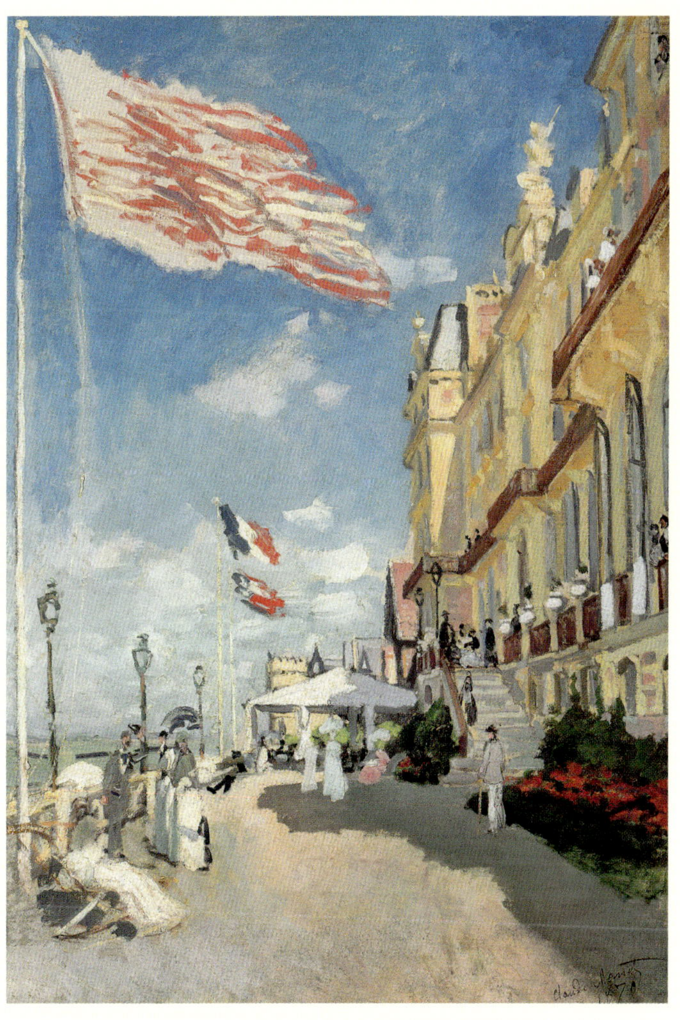

21 Claude Monet: Das Hôtel des Roches Noires in Trouville, 1870, Musée d'Orsay, Paris

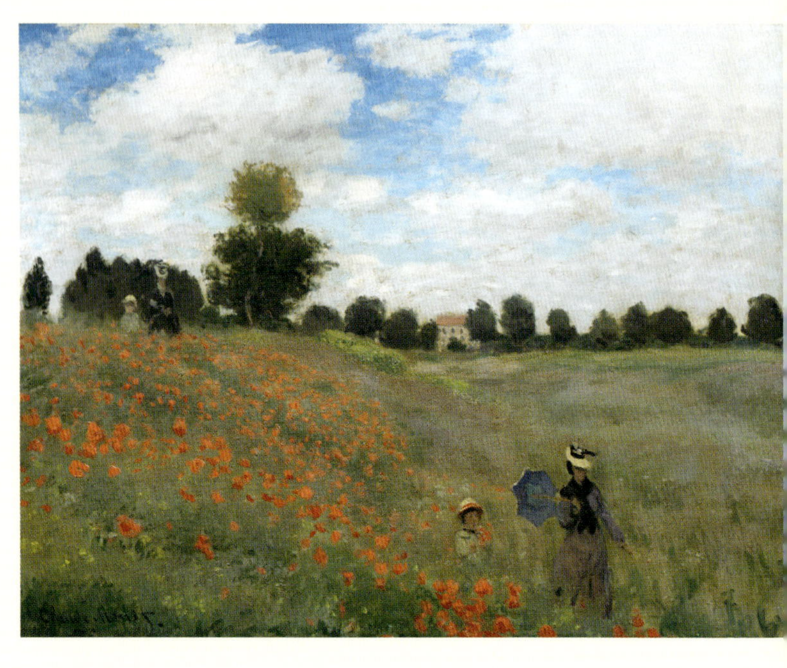

22 Claude Monet: Mohnfeld bei Argenteuil, 1873,
Musée d'Orsay, Paris

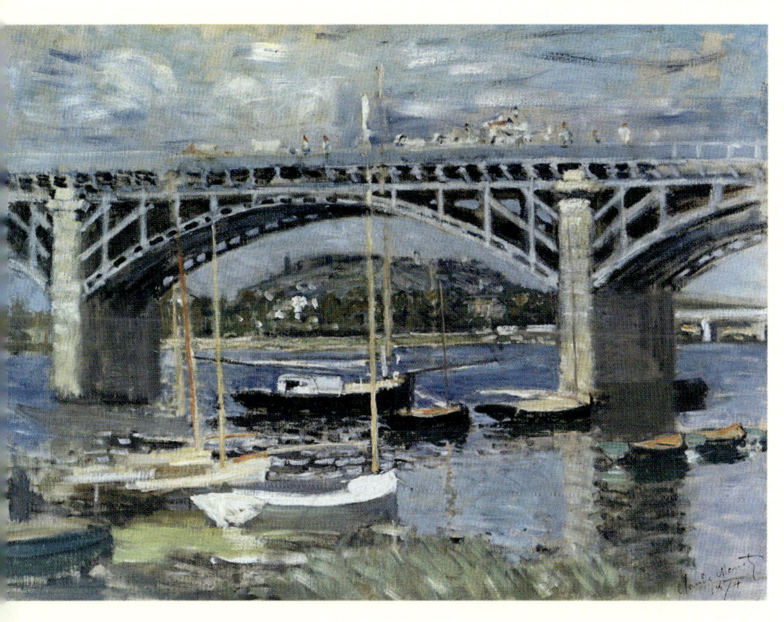

23 Claude Monet: Die Brücke von Argenteuil, 1874,
Bayerische Staatsgemäldesammlungen, Neue Pinakothek, München

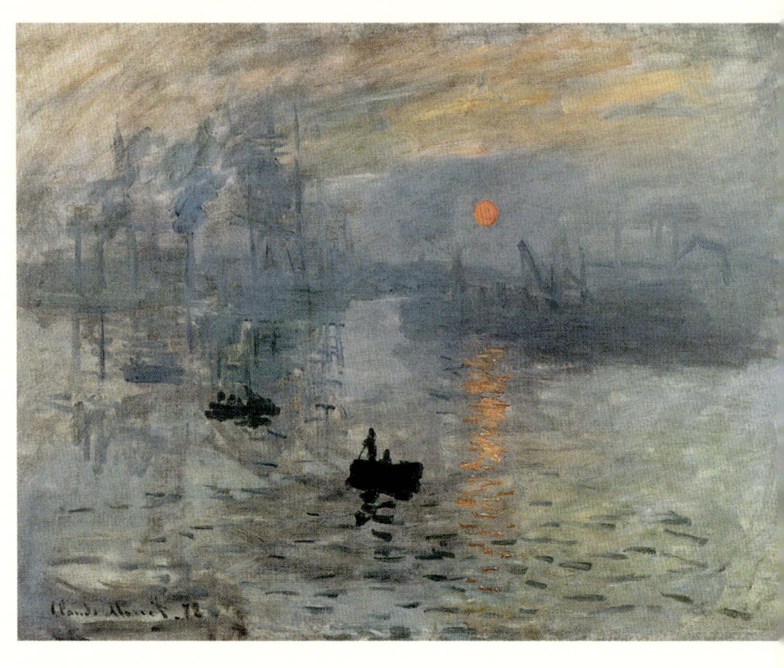

24 Claude Monet: Impression bei Sonnenaufgang, 1872, Musée Marmottan Monet, Paris

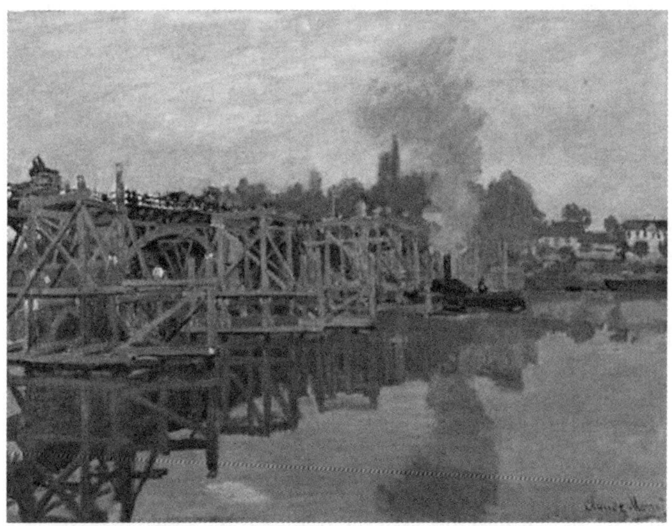

25 Claude Monet: Die Brücke von Argenteuil bei Reparaturarbeiten, 1872, Privat (Fitzwilliam Museum, Cambridge)

erscheinen, enthalten sie oftmals eher versteckte Hinweise, die man aus ihrer Entstehungszeit heraus durchaus als politisch interpretieren kann. In vielen der stimmungsvollen Gemälde tauchen Schornsteine, Straßen- und Eisenbahnbrücken auf: Nach der schmerzlichen Niederlage im Deutsch-Französischen Krieg und den damit verbundenen umfangreichen Reparaturzahlungen künden diese sorgsam ausgewählten Elemente nicht nur vom Wiederaufbau Frankreichs, sondern auch von einem gewandelten Selbstverständnis von einer Agrar- zu einer modernen Industrienation. Anders als etwa Pissarro, der sich auch politisch engagierte und immer wieder Bauern und Arbeiter in seinen Bildern darstellte, interessierte Monet das Thema industrieller oder körperlicher Arbeit nicht. Wenn er *Die Brücke von Argenteuil bei Reparaturarbeiten* (Abb. 25) zeigt, dann ist trotz der vielen Gerüste kein Bauarbeiter zu sehen. Um den Vormarsch der deutschen Truppen auf Paris zu stoppen, hatten die Franzosen die über die Seine führende Straßenbrücke von Argenteuil gesprengt. Schon kurz nach Kriegsende begann der Wiederaufbau des 200 m langen Bauwerks. Obwohl Monet die Arbeiten noch in vollem Gange zeigt, fließt der Verkehr bereits wieder. Auf dem Fluss signalisiert der Rauch eines vorbeifahrenden Dampfers das Erstarken Frankreichs als moderner Industriestaat. So kann die Brücke gleichzeitig als ein Symbol nationaler Widerstandskraft und als Zeichen für eine bessere Zukunft – als Fortschrittssymbol – verstanden werden. Während Monet sich nur bedingt für Politik interessierte, war er ein überzeugter Patriot.

Zwei Jahre später, 1874, als Monet die Brücke erneut malte (Abb. 23), ist vom Krieg und dessen Folgen nichts mehr zu spüren. Im Schein der Sonne dümpeln die Boote im Vordergrund friedlich auf dem Wasser, während mehrere Fußgänger und ein Pferdefuhrwerk die Brücke überqueren. Mit der strahlenden Farbigkeit verströmt das Bild eine Leuchtkraft, die an die unbeschwerte Stimmung heiterer Sommertage denken lässt. Der Farbauftrag ist teilweise so skizzenhaft, dass die Einzelheiten der Szene für den Betrachter erst aus der Distanz erkennbar sind. Der aus akzentuierten Pinselstrichen zusammengesetzte Farbauftrag veranlasst das Publikum noch heute, zum Betrachten von Gemälden, die in dieser Weise gemalt sind, einige Schritte zurückzutreten. Schon zu Monets Lebzeiten wurde immer wieder darauf hingewiesen, dass die Bilder erst mit Abstand lesbar würden. Mancher Kritiker glaubte deshalb, Monet male seine Bilder mit ausgestrecktem Arm oder gar mit Hilfe eines Stocks. 1875 riet die Zeitung *Figaro* zu einer Entfernung von fünfzehn Schritten und der Betrachtung mit halb geschlossenen Augen, da sich erst dann die Pinselstriche zu einer Figur oder einem Boot zusammenfügen würden. Dieser Effekt unterscheidet Monets Bilder von denen der anderen Impressionisten, deren Farbauftrag weniger frei und summarisch ist. Besonders deutlich wird der Unterschied in der Gegenüberstellung mit Werken von Manet, der sich in Argenteuil von Monets Begeisterung für die Freilichtmalerei vorübergehend anstecken ließ. Manets Gemälde *An den Ufern der Seine bei Argenteuil* (Abb. 26) wirkt zwar auf den ersten Blick ebenfalls wie ein mit schnellem

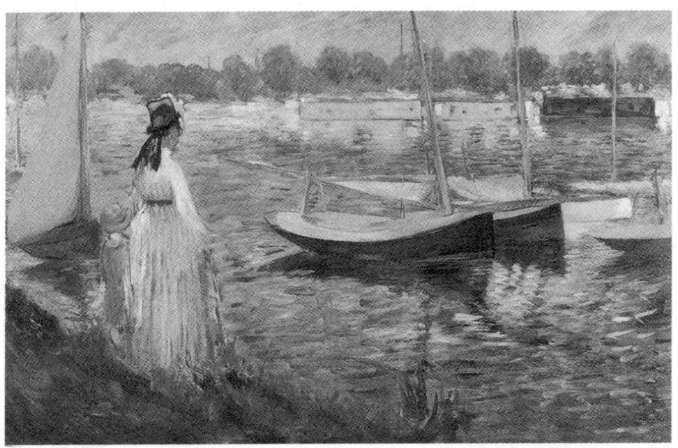

26 Édouard Manet: An den Ufern der Seine bei Argenteuil, 1874, Privat (The Courtauld Gallery, London)

Strich beiläufig erfasster Moment, doch verrät ein genaueres Hinsehen, dass die Spontaneität der Darstellung vorgetäuscht ist. Anders als Monet hat Manet die Szene zunächst sorgfältig vorbereitet, um den kleinteiligen Farbauftrag dann anschließend mit einigen spontan anmutenden, breit gesetzten Pinselstrichen zu verschleiern. Zudem dominieren bei Manet die beiden am Ufer stehenden Figuren – vermutlich handelt es sich um Camille und Jean – die Szenerie. Unwillkürlich versetzt sich der Betrachter in die Protagonisten und versucht über sie einen narrativen Zugang zu der Szene zu erhalten. Eine gleichberechtigte Behandlung sämtlicher Bildelemente – wie es bei Monet der Fall ist – war nicht Manets Sache. Die Freilichtmalerei stellte für Manet, der im Herzen immer der akademischen Tradition verbunden blieb und sich vielleicht auch deshalb beharrlich weigerte, mit den Impressionisten gemeinsam auszustellen, nur ein Intermezzo dar.

War Monets Verhältnis zu Manet ursprünglich durch Konkurrenz bestimmt, wandelte sich ihre Beziehung Anfang der 1870er-Jahre zu einer tiefen Freundschaft, die ihr ganzes Leben

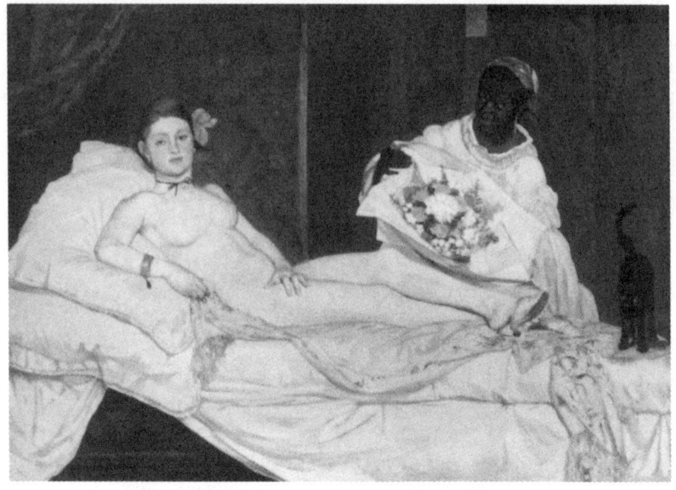

27 Édouard Manet: Olympia, 1863, Musée d'Orsay, Paris

hielt. Als Manet im April 1883 starb, gehörte Monet zu denen, die seinen Sarg zu Grabe trugen. Ohne viel Aufhebens davon zu machen, hatte Manet dem acht Jahre jüngeren Kollegen immer wieder, auch finanziell, geholfen, ihm Käufer vermittelt und zudem selbst mehrere seiner Gemälde erworben. Erst nach dessen Tod konnte sich Monet für die vielen Freundschaftsdienste revanchieren. Durch zahlreiche Gespräche wusste er, wie wichtig Manet das Skandalbild *Olympia* (Abb. 27) war, von dem sich dieser nie getrennt hatte. Das Gemälde, das vor allem wegen der selbstbewussten Zurschaustellung von Nacktheit vielen Kunsthistorikern als eines der Schlüsselwerke der Moderne gilt, hatte bei seiner Ausstellung im Salon 1865 die Gemüter gespalten. Um es vor erbosten Besuchern zu schützen, die drohten, mit ihren Schirmen und Spazierstöcken darauf einzuschlagen, musste das Gemälde schließlich erhöht und außer Reichweite des Publikums gehängt werden. Nach Manets Tod bot ein amerikanischer Sammler der in finanzieller Not befindlichen Witwe 20 000 Francs – Werke von Star-Malern wie Ernest Meissonier kosteten damals mehr als 100 000 Francs. Als Monet von dem bevorstehenden Verkauf erfuhr, initiierte er eine Sammelaktion, um das Schlüsselwerk seines Freundes für die französische Öffentlichkeit zu erhalten. «Laut mit der Gänsefeder kratzend, sitzt er tagelang in seinem Büro und schreibt einen Brief nach dem anderen, statt zu malen», beklagte sich seine Familie, die Sorge hatte, er vernachlässige aufgrund dieses Freundschaftsdiensts seine Kunst. Nur mühsam gelang es Monet, mithilfe zahlreicher Freunde und Kollegen die Summe zusammenzutragen. Das Spektrum der Spender reichte von Monets ehemaligen Weggefährten Degas, Pissarro und Renoir bis hin zu Literaten wie Joris-Karl Huysmans oder Stéphane Mallarmé. Auch Sammler und Galeristen beteiligen sich. Dank Monets Initiative gelang es, das Gemälde in Frankreich zu halten. Heute ist es eines der Glanzstücke des Musée d'Orsay in Paris.

4. Die Impressionisten-Ausstellung

«Oh, es war ein anstrengender Tag, als ich mich in Gesellschaft des Landschaftsmalers Joseph Vincent [...] in die erste Ausstellung am Boulevard des Capucines wagte. Der Unvorsichtige war, ohne an Böses zu denken, dorthin gegangen. Er dachte, wie überall gute und schlechte – eher schlechte als gute – Malerei zu finden, aber nicht solche Vergehen gegen die künstlerischen Manieren, gegen die großen Meister und die Form. Ja, Form und Meister! Die braucht man jetzt nicht mehr, mein armer Freund! Das haben wir alles geändert!» Mit diesen Worten beginnt Louis Leroys Text «L'Exposition des impressionnistes» überschriebener Text, der am 25. April 1874 in der Satirezeitschrift *Le Charivari* erschien. Leroy war damals als Autor von Komödien bekannt. In seinem Essay beschreibt er einen fiktiven Besuch der zehn Tage zuvor eröffneten *Première Exposition* der *Société anonyme des artistes, peintres, sculpteurs, graveurs, etc.*, welche als erste Impressionisten-Ausstellung in die Kunstgeschichte einging und an deren Zustandekommen Monet maßgeblichen Anteil hatte. Leroy schildert Vincents zunehmende Irritation angesichts der ausgestellten Werke. Als dieser schließlich Monets *Impression bei Sonnenaufgang* (Abb. 24) entdeckt, spottet er: «Eindruck – Impression, was sonst! [...] Eine Tapete im Embryonalstadium ist weiter gediehen als dieses Seestück!» Der satirische Charakter des Texts zeigt sich wenige Zeilen später deutlich, als Vincent einen Wachmann für ein sprechendes Bild hält und, laut «Hugh!» rufend, mit der Aufführung eines Indianertanzes beginnt. Mit einem dreifachen «Hugh!» schließt der nun vollends surreal anmutende Artikel. Kaum zu glauben ist, dass auf dieser Satire einer der erfolgreichsten Gründungsmythen der modernen Kunst basiert.

Eingegangen in die Annalen der Kunstgeschichte ist die Vorstellung, dass die erste Impressionisten-Ausstellung ein Misserfolg war, sich Presse und Publikum in höhnischen Kommentaren über Monet und seine Kollegen lustig machten und es Leroys Spottbezeichnung «Impressionisten» war, die der Kunstrichtung ihren Namen gab. Die Ausstellung wurde am 15. April 1874 am Boulevard des Capucines 35 eröffnet, die zu den teuersten Geschäftsstraßen der Hauptstadt zählte. Das ehemalige Fotostudio von Nadar, «einer der renommiertesten Kunstorte in Paris», diente als Galerie. Eine inhaltliche Zusammenarbeit zwischen dem Fotografen und den jungen Malern fand aber nicht statt. Zur Vorbereitung der Ausstellung hatten sich Ende Dezember die teilnehmenden Künstler zu einer Kooperative zusammengeschlossen, deren Ziel es war, juryfreie Ausstellungen für ihre Mitglieder zu organisieren. Monet war einer der Initiatoren und übernahm die Rolle des Geschäftsführers. Der Ausstellungskatalog führte 165 Werke von 30 Künstlern auf, darunter neun Arbeiten von Monet. Auch Renoir, Morisot, Degas, Cézanne, Pissarro und Sisley beteiligten sich jeweils mit mehreren Gemälden. Neben diesen Malern stellten auch einige ihnen nahestehende, heute fast vergessene Künstler aus wie Édouard Béliard, Stanislas Lépine oder Henri Rouart. Zudem waren Werke von Künstlern zu sehen, die mit den Arbeiten der Impressionisten keine inhaltlichen Gemeinsamkeiten hatten, auf deren Unterstützung man aber aus finanziellen Gründen angewiesen war.

Den Eröffnungstermin hatten Monet und seine Mitstreiter mit Bedacht zwei Wochen vor den des Salons gelegt: Das große öffentliche Interesse an zeitgenössischer Kunst im Umfeld der Salon-Ausstellung sollte genutzt werden. Zugleich wollte man verhindern, als *Salon des refusés* missverstanden zu werden, wo die von der Jury der offiziellen Schau abgelehnten Bilder gezeigt wurden, daher der Termin vor der offiziellen Eröffnung des Salons. Wie im Salon wurden die Bilder bei Nadar auf dunkelroten Tapeten dicht an dicht präsentiert. Die Gasbeleuchtung ermöglichte es, die Bilder auch nach Einbruch der Dunkelheit zu betrachten, sodass die Öffnungszeiten bis 22.00 Uhr ausgedehnt werden konnten. Der Eintrittspreis entsprach mit 1,00 Franc genau dem des Salons, wo Besucher aber mehr als 20 Mal so viele Arbeiten sehen konnten. Bis zum Ende der Impressionisten-

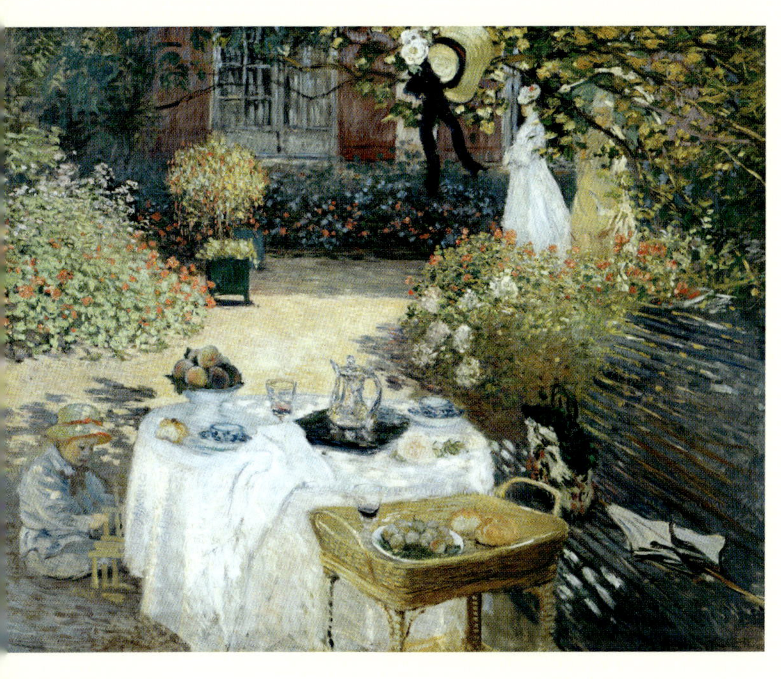

28 Claude Monet: Das Mittagessen: dekorative Tafel, ca. 1873, Musée d'Orsay, Paris

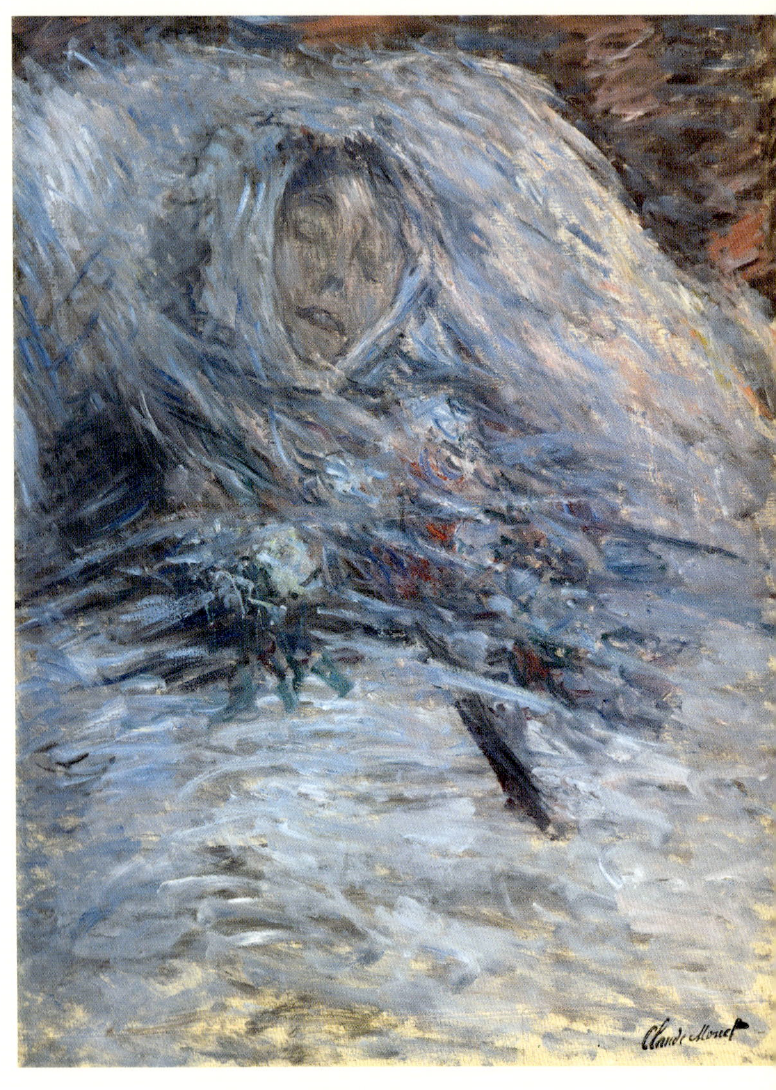

29 Claude Monet: Camille Monet auf dem Totenbett, 1879, Musée d'Orsay, Paris

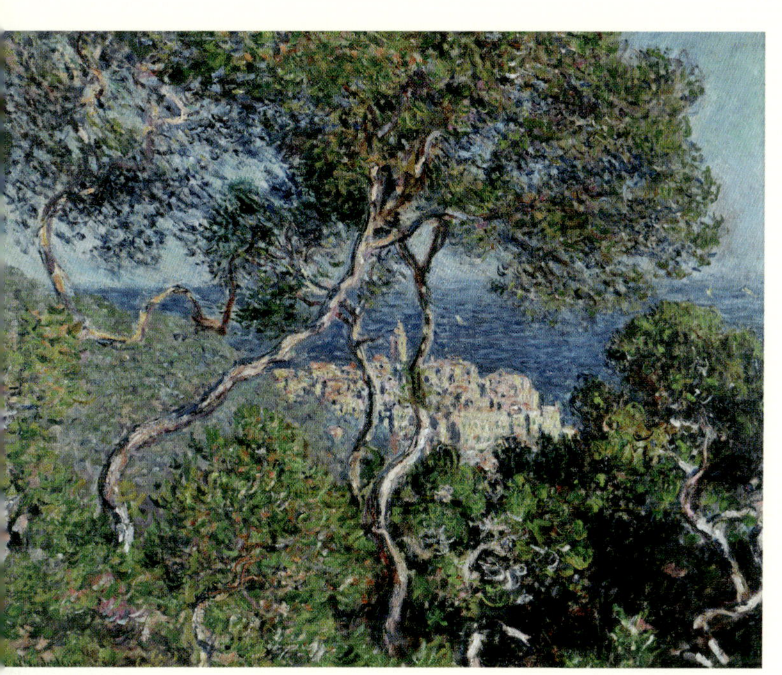

30 Claude Monet: Bordighera, 1884, The Art Institute of Chicago

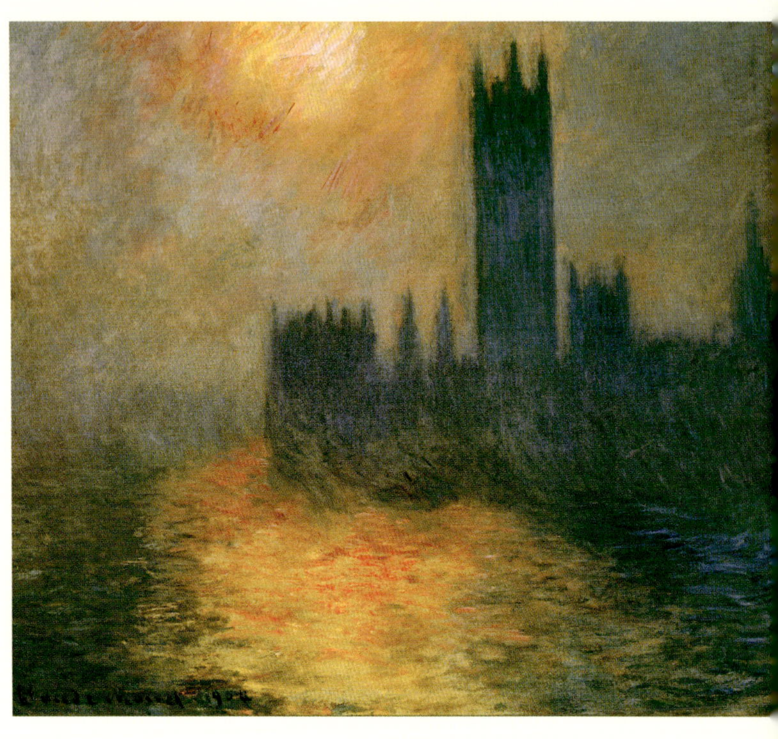

31 Claude Monet: Das Parlament. Sonnenuntergang, 1904, Kunsthaus Zürich

Ausstellung am 15. Mai kamen fast 4000 Besucher – im Schnitt also circa 130 Personen am Tag. Auch wenn die Einnahmen aus den Eintrittsgeldern und Verkäufen die Kosten der aufwendigen Veranstaltung nicht komplett deckten, hatten die Teilnehmer ein wichtiges Ziel erreicht: Es wurde von ihnen gesprochen.

«Unsere Ausstellung geht gut. Sie ist ein Erfolg», fasste Pissarro seine Eindrücke zusammen, ergänzte aber: «Die Kritik reißt uns in Stücke und wirft uns vor, nichts zu lernen.» Letzteres war maßlos übertrieben. Betrachtet man die zahlreichen Besprechungen der Ausstellung, dann waren nur wenige generell ablehnend. Von den rund 50 Rezensionen sind lediglich sieben negativ, darunter Leroys Satire. Die meisten Kritiker begrüßten das Bemühen, dem übermächtigen Salon Alternativen entgegenzustellen: «Man kann dieses kühne Vorhaben nur unterstützen, das seit Langem von allen Kritikern und Kunstliebhabern empfohlen wird», formulierte Émile d'Hervilly zwei Tage nach der Eröffnung. Die Impressionisten-Ausstellung von 1874 bot erstmals die Möglichkeit, sich in Paris einen Überblick über die zeitgenössische Kunst zu verschaffen, ohne dass die Akademie oder der Salon Einfluss genommen hätten. «Etliche talentierte Personen hätten sich entschlossen, jedes Jahr ein geräumiges Atelier zu mieten», berichtete Bazille bereits im Mai 1869 seiner Mutter: «Wir werden Maler einladen, die uns ihre Arbeiten schicken wollen. [...] Mit diesen Leuten und Monet, dem besten von allen, ist uns der Erfolg sicher. Ihr werdet sehen, wie viel Aufmerksamkeit wir bekommen.» Finanzielle Schwierigkeiten und der Ausbruch des Deutsch-Französischen Krieges 1870 verhinderten dies zunächst.

Zu den Kritikern, die begeistert über die Impressionisten-Ausstellung berichteten, gehörte Jules-Antoine Castagnary von *Le Siècle*: «Hier ist Talent, sogar viel Talent. Diese jungen Maler begreifen die Natur in einer Art, die weder langweilig noch abgedroschen, vielmehr lebendig, scharf, flott, einfach bestrickend ist. Welch schnelles Erfassen des Motivs, welch ergötzliche Malweise! Zugegeben, sie ist summarisch, aber wie richtig ist alles angedeutet!», lobte er. Die überwiegend positive Einschätzung hinderte Castagnary und andere Autoren aber nicht, den dispa-

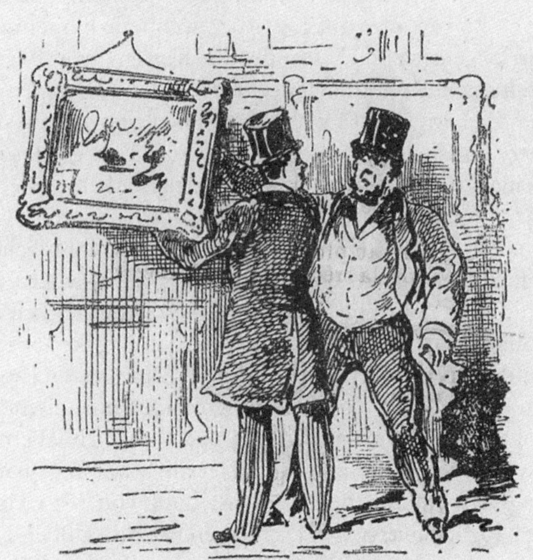

32 Pif: Bei den Impressionisten. «Was machen Sie denn da?» «Man hat mir gesagt, in diesem Gemälde stecke viel Talent … und da sehe ich nach, ob man es nicht mit der Rückseite nach vorne gehängt hat …», publiziert in: Le Charivari, 10. April 1881

raten Gesamteindruck der Ausstellung zu bemängeln und abwertende Bemerkungen über einzelne Künstler und deren Bilder zu machen (Abb. 32). Besonders negativ besprochen wurde die künstlerische Qualität der eher konservativ anmutenden Werke, die mit den Arbeiten der heute bekannten Impressionisten wenig zu tun hatten. Etliche der Rezensenten, die sich ausführlich mit der Ausstellung befassten, standen der Avantgarde offen gegenüber und sprachen ganz selbstverständlich von «Impressionen», um die Skizzenhaftigkeit vieler Bilder zu beschreiben. Während Armand Silvestre von einem «Effekt der Impression», Émile Cardon in *La Presse* von der «Schule der Impression» sprach, titelte Castagnary: «Ausstellung am boulevard des Capucines: Die Impressionisten», und erörterte in seinem Aufsatz auch die Frage, wie man diese neue Gruppe nennen sollte – sie selbst firmierten ja unter der Bezeichnung *Société anonyme des artistes peintres, sculpteurs, graveurs, etc.* Mit Verweis auf Monet schlug Castagnary vor: «Wollte man sie mit einem erläuternden Wort charakterisieren, müsste man den neuen Begriff *Impressionisten* schaffen. Sie sind *Impressionisten* in dem Sinn, dass sie nicht eine Landschaft wiedergeben, sondern den von ihr hervorgerufenen Eindruck. Sie verwenden dieses Wort sogar selbst: Es ist nicht *Landschaft*, es ist *Impression*, wie der Katalog den Sonnenaufgang von Herrn Monet bezeichnet.»

Vielen Kunsthistorikern gilt *Impression bei Sonnenaufgang* (Abb. 24) deshalb als Schlüsselbild der ganzen Bewegung. Monets im November 1872 gemaltes Werk zeigt den Hafen von Le Havre. Während sich das rötliche Licht der aufgehenden Sonne im Hafenbecken spiegelt, sind im Vordergrund die Konturen einiger Boote zu sehen. Weiter hinten verschwimmen die an den Docks liegenden Schiffe mit den Hafenanlagen im Morgennebel. Der pastose Farbauftrag ist an vielen Stellen des Bildes noch deutlich sichtbar, während die Farbe in anderen Bereichen so dünn aufgetragen ist, dass die Leinwand durchscheint. Das dadurch entstehende Spannungsverhältnis forciert den skizzenhaften Charakter des Bildes. Vielleicht zögerte Monet auch deshalb, das Gemälde nach dem Entstehungsort zu benennen: «Ich sollte einen Titel für den Katalog angeben», erinnerte sich der Künstler später. «Da ich das Bild schlecht ‹Ansicht von Le Havre› nennen konnte, sagte ich: ‹Nennen Sie es Impression.›» Vermutlich wollte Monet durch diesen Titel der zu erwartenden Kritik begegnen, das Bild sei nicht fertiggemalt. Dass die Bezeichnung «Impressionismus» damals aber ganz wertfrei und keineswegs als Schimpfwort – wie regelmäßig behauptet – verwendet wurde, hat der britische Kunsthistoriker Ian Dunlop 1972 erläutert: «Leroy spielt mit dem Begriff ‹Impressionismus›, und als Ergebnis wurde er immer wieder zitiert mit dem Hinweis, dass er der Erste gewesen sei, der die Aussteller ‹Impressionisten› genannt habe. Der Begriff war damals jedoch ziemlich gebräuchlich und vor Monet schon im Zusammenhang mit anderen Landschaftsmalern verwendet worden, etwa Daubigny und Jongkind.»

Auch wenn Monet mit seiner Titelwahl betont, dass es ihm weniger um die akkurate Darstellung der Topographie, als um die Wiedergabe der Stimmung ging, hat der amerikanische Kunsthistoriker Paul Tucker zu Recht darauf hingewiesen, dass der Künstler das Motiv nicht zufällig auswählte. «Monet mag die Darstellung dieser Industrielandschaft als eine Reaktion auf die nach dem Krieg verbreite Forderung nach patriotischen Taten verstanden haben. Dabei war die Vorstellung verbreitet, dass Kunst hierbei eine Vorreiterrolle einnehmen solle. Obwohl dieses Bild als ein Gedicht von Licht und Atmosphäre erscheint, kann es auch als Ode an die Kraft und Schönheit des wiederauferstandenen Frankreichs interpretiert werden.» Trotz Leroys Spottartikel stand *Impression bei Sonnenaufgang* in der ersten Impressionisten-Ausstellung nicht im Fokus der Aufmerksamkeit. Nur eine Handvoll Kritiker erwähnte das Werk überhaupt, und auch für Monet schien das Gemälde keine herausragende Bedeutung zu haben. Als der Künstler 1921 mit einer umfangreichen Retrospektive in Paris geehrt wurde, gehörte es nicht zu den für die Ausstellung ausgewählten Werken, obwohl *Impression bei Sonnenaufgang* ohne großen Aufwand als Leihgabe verfügbar gewesen wäre. Erst nach dem Zweiten Weltkrieg wurde das Bild als Vorreiter der abstrakten Kunst populär.

Monets in der ersten Impressionisten-Ausstellung am meisten beachtetes Gemälde war *Der Boulevard des Capucines* (Abb. 33). Kritiker lobten, dass es in der Kunstgeschichte hier erstmals gelungen sei, die Lebendigkeit des urbanen Lebens festzuhalten. Fehlte Monets Malerei im *Quai du Louvre* wenige Jahre zuvor (vgl. Abb. 10) noch die Spontaneität des impressionistischen Farbauftrags – schienen Form und Inhalt noch getrennt –, finden sie in diesem «Kaleidoskop von ‹la vie parisienne›» nun zusammen. Ein weiterer Grund für die besondere Beachtung von *Boulevard des Capucines* war die unmittelbare Verbindung zum

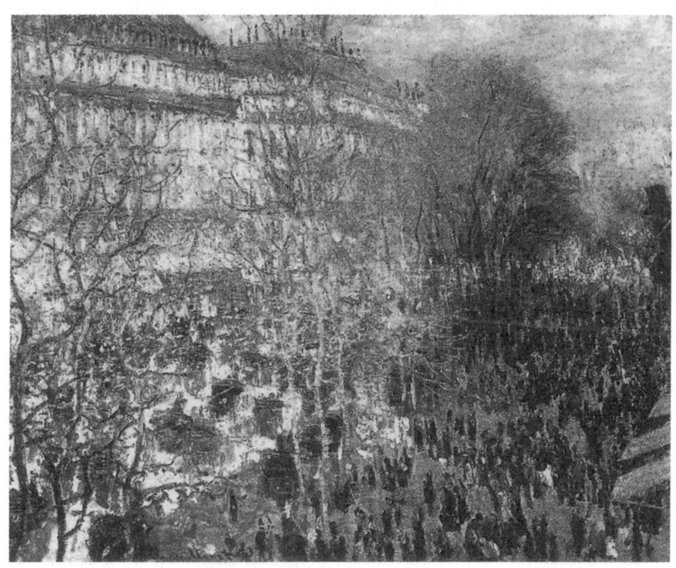

33 Claude Monet: Der Boulevard des Capucines, 1873/74, Puschkin-Museum, Moskau

Ausstellungsort, zeigt das Gemälde doch den Blick aus dem Fotostudio von Nadar – in dem es zu sehen war – auf die Straße. Dieser doppelte Ortsbezug machte eine zusätzliche Faszination der Darstellung aus; instinktiv glichen die Besucher ihre visuellen Eindrücke mit der Realität ab. Leben und Kunst rückten denkbar nah zusammen.

Insgesamt zeigte Monet in der ersten Impressionisten-Ausstellung fünf Gemälde und vier Pastelle. Das mit Abstand großformatigste Bild der gesamten Ausstellung war sein monumentales *Mittagessen*, dessen Ablehnung 1870 seinen Bruch mit dem Salon verursacht hatte (Abb. 13). In der zweiten Impressionisten-Ausstellung, die 1876 in den Galerieräumen von Durand-Ruel stattfand, präsentierte er wieder ein großformatiges Gemälde – erneut ein Mittagessen: Denn in *Das Mittagessen: dekorative Tafel* sind Monets Sohn Jean, seine Ehefrau und eine

Freundin abgebildet – nun allerdings nicht mehr im Haus, sondern im Garten ihres Hauses in Argenteuil (Abb. 28). Auch hier steht ein gedeckter Tisch in der Mitte der Darstellung, das Essen ist jedoch vorüber, was die Zeitlichkeit dieses Ereignisses hervorhebt. Sichtbar ist ein flüchtiger Moment; eine Bilderzählung findet nicht statt. Die Menschen sind an den Rand gedrängt und erst auf den zweiten Blick zu sehen. Licht und Farbigkeit stehen nun vorrangig in Monets Interesse, der in diesem Bild selbstbewusst die wichtigsten Aspekte des Impressionismus vorführt: Der Farbauftrag ist locker und unregelmäßig. Die Blumen und Blätter sind mehr getupft als gemalt. Das Bildzentrum hinter dem Tisch nimmt eine leere, von der Sonne beschienene Sandfläche ein, die zur Projektionsfläche für blaue und rote Schatten wird. Monets Anspruch, er wolle nicht die Realität darstellen, sondern das Licht, welches zwischen ihm und den Dingen liege, hat hier sein Manifest gefunden.

Die Frage, die Kunsthistoriker lange umtrieb, was es mit dem Damenhut auf sich habe, der am oberen Bildrand in den Zweigen hängt, ist seit Kurzem geklärt: Es handelt sich hierbei um einen Verweis auf das in der ersten Impressionisten-Ausstellung gezeigte *Das Mittagessen*, denn auch dort findet sich an prominenter Stelle im Bildvordergrund ein Hut. Die Bilder sind als Paar zu verstehen; so scheint *Das Mittagessen* als Referenzobjekt für *Das Mittagessen: dekorative Tafel* gedient zu haben, um im direkten Vergleich die wesentlichen Merkmale der impressionistischen Malerei hervorzuheben. So fehlt dem *Mittagessen: dekorative Tafel* vielleicht nicht zufällig die Lockerheit und Spontaneität anderer Gemälde aus der Zeit, da Monet hier nichts weniger als ein ‹Programmbild des Impressionismus› malt. Im Vergleich der zwei großformatigen Gemälde wird deutlich, wohin die Reise für Monet und seine Kunst ging. Während die frühere Darstellung mit ihrem komplexen Bildaufbau und dem Interesse an der zwischenmenschlichen Situation noch den Einfluss Manets zeigt – ohne das Theaterhafte von dessen Kunst zu zitieren –, bringt Monet in das *Das Mittagessen: dekorative Tafel* fast thesenartig die Neuerungen seiner Malerei auf den Punkt: Aus dem Interieur ist ein Exterieur geworden. Nicht mehr die Menschen dominieren den Raum. Gleichberechtigt fügen sie sich nun so nahtlos in die Umgebung ein, dass man sie leicht übersieht. Die von Schwarz- und Brauntönen bestimmte Farbigkeit des Interieurs wird durch das Flirren der «rein» auf die Leinwand aufgetragenen Farben abgelöst. Wie im Bildtitel *Dekorative Tafel* schon angedeutet, wird hier alles der Stimmung untergeordnet.

Werke wie dieses entsprachen immer mehr dem Geschmack einer bürgerlichen Käuferschicht, die sich mit der klassischen Salon-Kunst kaum noch identifizieren konnte. Historischer Pomp, religiöse Verzückung oder süßliches Genre waren als Bildthemen nicht mehr gefragt. Vor allem Durand-Ruels Engagement trug zum zunehmenden Erfolg von Monet und seinen Mitstreitern auf dem französischen Kunstmarkt bei. Dies ging einher mit der nach dem Krieg erstarkenden französischen Wirtschaft, für die der private Sektor immer wichtiger wurde. Monet begann sich am Markt durchzusetzen: 1872 betrugen seine Einnahmen 12000 Francs (zum Vergleich: Die Jahresmiete seines Hauses in Argenteuil betrug etwa 1000 Francs); bereits ein Jahr später hatten sie sich fast verdoppelt. Obwohl es auch immer wieder finanzielle Rückschläge gab, war die Richtung nun klar. Und auch für Monets Kollegen ging es aufwärts. «Sie haben recht, lieber Duret, wir fangen an uns durchzusetzen», schreibt Pissarro Anfang 1873 dem Kunstkritiker, bemerkt aber: «Zwar gibt es anerkannte Größen, die uns bekämpfen, aber muss man nicht auf so auseinanderlaufende Ansichten gefasst sein, wenn man seine bescheidene kleine Fahne mitten in den großen Haufen pflanzt?»

5. Zeit der Gegensätze

Sechs Jahre lang fuhr Monet mehrmals in der Woche von Argenteuil nach Paris. Obwohl er nur eine halbe Stunde für die Strecke benötigte, reifte in ihm 1876 der Entschluss, sich zusätzlich eine kleine Wohnung in Paris zu mieten, in der er ohne großen Aufwand Kunden und Kollegen treffen konnte. Zudem ermöglichte sie es ihm, konzentriert einem Projekt nachzugehen, das eine Wende in seinem Œuvre markiert: die Darstellung des Pariser Bahnhofs Saint-Lazare. In unmittelbarer Nähe dieses wichtigen Verkehrsknotenpunkts gelegen, begab sich Monet von der Wohnung, bepackt mit Staffelei, Leinwand und Palette, direkt an die Schienen, um dort zu malen. Laut schnaufend und pfeifend verließen die Nah- und Fernzüge die hochmoderne Bahnhofshalle aus Eisen und Glas im Minutentakt. Innerhalb weniger Wochen entstanden so über ein Dutzend Gemälde von Bahnhof und Lokomotiven: «Diese Bilder sind beeindruckend abwechslungsreich, trotz der Monotonie und Begrenztheit des Darstellungsgegenstands», begeisterte sich der Journalist Georges Rivière 1877. «In diesen Werken kann man mehr als irgendwo sonst Monets besonderes Talent für die Bildkomposition sehen. In einem der größten Gemälde ist die Lokomotive gerade angekommen, und schon wieder ist sie dabei abzufahren (Abb. 34). Wie ein ungeduldiges, ungestümes wildes Tier, eher angestachelt als ermüdet von dem langen Weg, den es gerade bewältigt hat, schüttelt es seine Rauchmähne, die gegen das Glasdach der großen Halle stößt. Um das Monster herum wimmelt es auf dem Gleis von Menschen, wie Pygmäen zu Füßen eines Riesen.» In der Darstellung überlagern sich innen und außen. Um den richtigen Ausdruck für Dampf, Licht und Bewegung zu finden, variiert der Künstler gekonnt Maltechnik und Pinselduktus, sodass sich das Gewimmel der Reisenden und der Rhythmus der Lokomotiven zu einem atmosphärischen Gesamtbild verbinden.

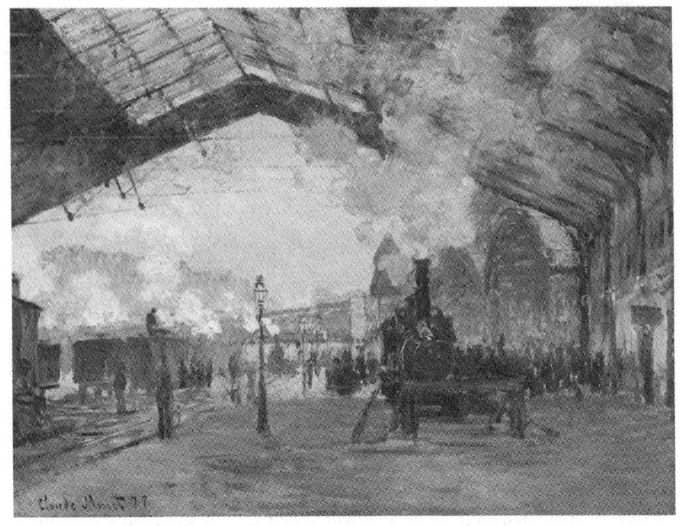

34 Claude Monet: Ankunft der Bahn aus der Normandie; Gare Saint-Lazare, 1877, The Art Institute of Chicago

Die meisten von Monets Bahnhofsbildern zeigen die Rangierfläche vor der großen Halle. Hierzu gehört auch das radikalste Werk dieser Serie (Abb. 35), in dem ein großes Schild dem Betrachter den Blick versperrt. Dahinter ist das von Dampfwolken verhangene Gelände lediglich zu erahnen. Monet war wie gefangen von diesem Schauspiel, wie er Renoir erläuterte: «Bei der Abfahrt sind die Rauchwolken der Lokomotive so dicht, dass man kaum etwas erkennen kann. Zauberhaft ist das, ein richtiges Märchen.» Für den Maler hatte die Stimmung des Bahnhofs, der von den Dampfwolken der ankommenden und abfahrenden Lokomotiven eingehüllt wurde, offenbar eine poetische Qualität. Tauchten schon in seinen früheren Darstellungen vereinzelt Züge auf, malte er in den Bahnhofsbildern erstmals moderne Eisenarchitektur. Dem Künstler war es wichtig als «Maler des modernen Lebens» verstanden zu werden. Monets Bahnhofsdarstellungen wirken auf den ersten Blick wie bewusste Gegenentwürfe zu den unmittelbar vorher entstandenen, seltsam

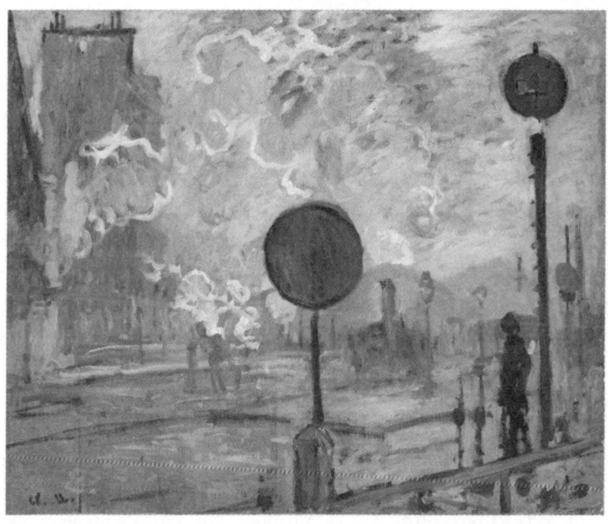

35 Claude Monet: Außerhalb des Bahnhofs Saint-Lazare (Das Signal), 1877, Niedersächsisches Landesmuseum Hannover

verträumt wirkenden Landschaftsdarstellungen aus Argenteuil; doch sind die beiden Sujets vielleicht enger aufeinander bezogen, als man zunächst vermutet. Für das großstädtische Publikum war ein Ausflug ins Grüne eine Freizeitbeschäftigung wie ein Theaterbesuch, ein Opernabend oder ein Mittagessen im Restaurant. Der Dichter Stéphane Mallarmé zählte auch den Bahnhof zu den Vergnügungsinstitutionen und beschrieb ihn als eine Art Eingangshalle in die Landschaft. Man kaufte ein Eisenbahnticket wie eine Theaterkarte: Kultur oder Natur, beides versprach Unterhaltung. Wie wichtig Monet die Bahnhofsbilder waren, zeigte sich im Frühjahr 1877, als er auf der dritten Impressionisten-Ausstellung gleich sieben dieser Gemälde präsentierte – die erste größere zusammenhängend ausgestellte Werkgruppe Monets. Zwanzig Jahre später wird das Prinzip der Serie, seine Werke also in einem über das Einzelwerk hinausführenden Zusammenhang zu denken, zu einem wichtigen Kennzeichen seines Œuvres.

Drei der Bahnhofsbilder erwarb der Kaufhauseigentümer Ernest Hoschedé, der damals Monets wichtigster Sammler war. Hoschedé stellte elf der insgesamt dreißig in der dritten Impressionisten-Ausstellung gezeigten Monet-Werke als Leihgaben zur Verfügung. Wenige Wochen später war er bankrott. Sein gesamter Besitz musste verkauft werden, darunter auch über vierzig Monet-Gemälde, meist zu Schleuderpreisen. *Impression bei Sonnenaufgang* (Abb. 24) wechselte für ein Viertel des ursprünglichen Preises den Eigentümer. Durch Hoschedés Ruin brach das mittlerweile stabile Preisniveau für Monets Werke ein. Nur mit massiven Preisnachlässen gelang es dem Künstler noch, seine Bilder zu verkaufen und so seinen Lebensstil mit zwei Hausangestellten und einem Gärtner aufrechtzuerhalten. Es liegt nahe, dass finanzielle Gründe den Maler und seine Familie Anfang 1878 dazu veranlassten, Argenteuil ziemlich überstürzt zu verlassen. Vorübergehend kamen sie in der Hauptstadt unter, wo im März ihr zweites Kind, Michel, geboren wird. Von einem Arbeitsaufenthalt kannte Monet den «entzückenden Ort Vétheuil», 60 Kilometer nordwestlich von Paris an der Seine gelegen. Hier fand die Familie ein neues Zuhause. Da das abgelegene Städtchen keinen Bahnanschluss hatte, war die Miete günstig. Gemeinsam mit den Monets bezog das verarmte Ehepaar Ernest und Alice Hoschedé und seine insgesamt sechs Kinder ein bescheidenes Anwesen mit Obstgarten. Man führte einen doppelten Haushalt, wobei Ernest Hoschedé nur selten zugegen war.

Zu den finanziellen Problemen der beiden Familien kamen Sorgen um Camilles Gesundheit. Da sie zu schwach war, kümmerte sich Alice auch um Jean und den kleinen Michel – sowie um deren Vater. Es ist anzunehmen, dass Alice zu diesem Zeitpunkt bereits länger Monets heimliche Geliebte war. Camilles Zustand besserte sich nicht. Mit nur 32 Jahren starb sie am 5. September 1879 vermutlich an Krebs. Mit *Camille Monet auf dem Totenbett* (Abb. 29) malte Monet sein wohl berührendstes Bild, das zugleich auch eines seiner kompromisslosesten Werke ist. Jahre später beschrieb er, wie er das Bild malte: «Meine Augen hafteten starr an der tragischen Schläfe, und ich ertappte mich dabei, wie ich dem Tode in den Schattierungen des Kolorits folgte, das er in allmählichen Abstufungen dem Antlitz auflegte. Blaue, gelbe, graue Töne, was weiß ich! So weit war es mit mir gekommen!» Der Künstler berichtet hier, wie er beim Malen seiner verstorbenen Frau erschrak, als er den Automatismus seines «impressionistischen Auges» erkannte: Unwillkürlich habe er sich mehr auf die Farbschattierungen des Todes als auf den Verlust von Camille konzentriert. Wie ein Schleier legen sich die unruhigen Pinselstriche zwischen das leichenblasse Gesicht Camilles und den Betrachter.

Monet hat das Bild nie ausgestellt. Weder die Signatur noch das kleine schwarze Herz, das aus dem ‹T› von ‹Monet› geformt ist, stammen von ihm, sondern wurden von fremder Hand später hinzugefügt. *Camille auf dem Totenbett* stellt im Werk Monets einen Solitär dar. Formal reiht es sich ein in die Darstellung von Toten, wie sie damals durch Fotografien üblich waren, überführt dieses Schema aber in die Malerei. Auch wenn der Künstler von der Spontaneität des Eindrucks berichtet, wird eine ganz andere, tiefer führende Qualität der Darstellung sichtbar, die über die Wiedergabe des Gesehenen hinausgeht. Monets langsames Abrücken von dem Festhalten flüchtiger Erscheinungen zeigt sich ebenfalls in seinen in Vétheuil gemalten Landschaften: In *Vétheuil im Nebel* (Abb. 36) ist das auf einem Hügel thronende Dorf kaum erkennbar. Es verschwindet nahezu im winterlichen Nebel. Auch hier liegt der Fokus nicht auf dem Motiv, sondern der atmosphärischen Erscheinung. Der Sänger und Impressionismus-Sammler Jean-Baptiste Faure, der unter anderem bereits den *Boulevard des Capucines* (Abb. 33) besaß und dem Monet das Bild anbot, lehnte es mit der Bemerkung ab, dafür zahle er nicht mal fünfzig Francs – es sei lediglich Leinwand, auf die Monet ein bisschen weiße Farbe gegeben habe.

In der Abgeschiedenheit Vétheuils widmet sich Monet einer «zeitlosen», konsequent alle Motive des modernen Lebens ausklammernden Landschaftsmalerei. Waren seine Bahnhofsbilder noch ganz der Gegenwart verpflichtet, handelt es sich bei den in Vétheuil entstandenen Werken gewissermaßen um Traumland-

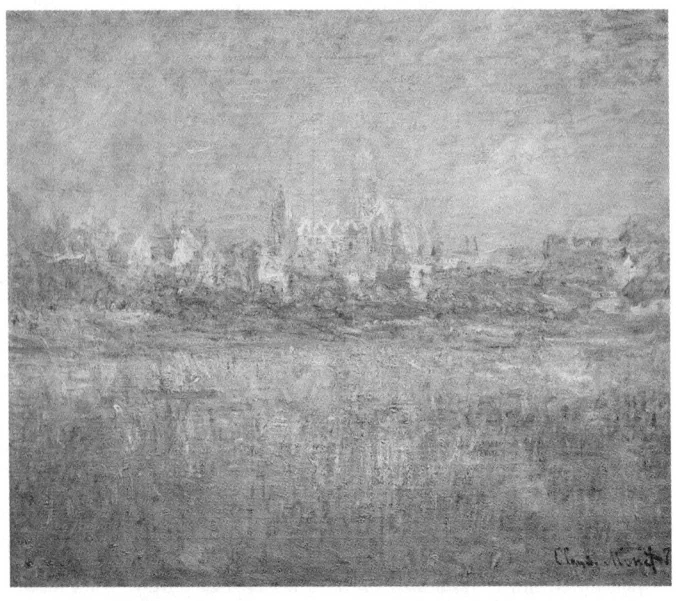

36 Claude Monet: Vétheuil im Nebel, 1879, Musée Marmottan Monet, Paris

schaften, denen ein solcher Bezug fehlt. Selbst Menschen sind aus diesen Werken fast ganz verschwunden. Besonders produktiv war für den Künstler der «höllisch kalte» Winter von 1879/80 – das Thermometer zeigte bis zu minus 25 Grad. Über zwanzig Darstellungen der Seine, die riesige Eisschollen führt, entstanden (Abb. 37). Das plötzlich einsetzende Tauwetter führte zu diesem ungewöhnlichen Naturschauspiel, das Monet in seinen Bann schlug. In diesen Bildern spielte der Künstler mit feinsten Farbnuancen, die wie Muschelschalen in allen Schattierungen schimmern. Schon seit Beginn seiner Karriere hatte Monet immer wieder schneebedeckte Landschaften gemalt, da er hier sein Talent für Licht und Farbe besonders gut demonstrieren konnte. Gerne erzählten Zeitgenossen Anekdoten darüber, wie er mit Handschuhen, Mütze und Schal in eisiger Kälte «festgefroren» vor der Leinwand stand, um die eisige Atmosphäre in

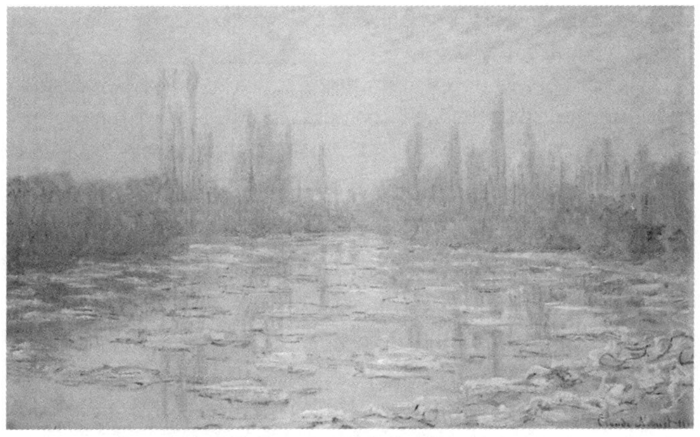

37 Claude Monet: Eisschollen, 1880, Shelburne Museum, Shelburne, Vermont

seinen Bildern möglichst unmittelbar und authentisch einzufangen.

Monets winterlicher Schaffensrausch konnte aber nicht verbergen, dass er sich in einer künstlerischen Krise befand. Selbst einige langjährige Unterstützer reagierten irritiert auf seine melancholischen Darstellungen und warfen ihm vor, seine Kunst nicht mehr mit der gleichen Leidenschaft zu verfolgen. Zola, der Monet bisher unterstützt hatte, veröffentlichte eine vernichtende Kritik, in der er seiner Enttäuschung Ausdruck verlieh: «Die Impressionisten sind meiner Ansicht nach absolute Pioniere. Eine Zeit lang hatten sie große Hoffnung in Monet gesetzt: Doch dieser scheint durch eine allzu hastige Produktion ausgelaugt zu sein. Er begnügt sich mit dem Ungefähren; er studiert die Natur nicht mit der Leidenschaft des wahren Schöpfers.» Der Artikel erschien im Juli 1879 in russischer Sprache, ein Jahr später aber auch auf Französisch: «Herr Monet hat sich zu sehr auf die Leichtigkeit seiner Produktion verlassen. [...] in den schwierigen Zeiten waren es vor allem Entwürfe, die sein Atelier verlassen haben, und das hat keinen Wert, das bringt einen Maler an den Rand der Schundproduktion. [...] Heute muss Herr Monet die Folgen seiner Hast, der Notwendigkeit zu verkaufen, ausbaden.»

Dass Monets Malerei sich immer stärker von seinen Anfängen entfernte, spiegelte sich auch im Verhältnis der Künstler untereinander. Mit Camilles Tod endete nicht nur ein wichtiges Kapitel in Monets Leben, sondern auch seine enge Verbindung zu den Impressionisten. Als ein Journalist ihn wenige Monate später fragte, ob er noch zu der Gruppe gehöre, bemerkte Monet: «Ich bin ein Impressionist und wünsche, immer einer zu bleiben [...] aber ich treffe die Männer und Frauen, die meine Kollegen sind, nur selten. Aus der kleinen Gemeinde ist eine banale Schule geworden, die jedem hergelaufenen Kleckser die Türen öffnet.» Immer häufiger gab es Meinungsverschiedenheiten bei der Organisation der gemeinsamen Impressionisten-Ausstellungen. Die Kerngruppe begann auseinanderzubrechen. Monet sowie Renoir, Sisley und Cézanne reichten nach einem Streit mit Degas bei der fünften Impressionisten-Ausstellung 1880 keine Werke mehr ein. Monet wurde vorgeworfen, nur noch seine eigenen Ziele zu verfolgen. Hierzu trug seine Entscheidung bei, nach all den Jahren wieder ein Gemälde im Salon auszustellen. Da das Bild jedoch einen so unattraktiven Platz an der Wand erhielt, dass es kaum jemand bemerkte, bereute Monet die Teilnahme sofort. Obwohl sich die gemeinsame Ausstellungstätigkeit der Impressionisten noch bis 1886 fortsetzte, gingen auch die anderen Künstler verstärkt ihre eigenen Wege.

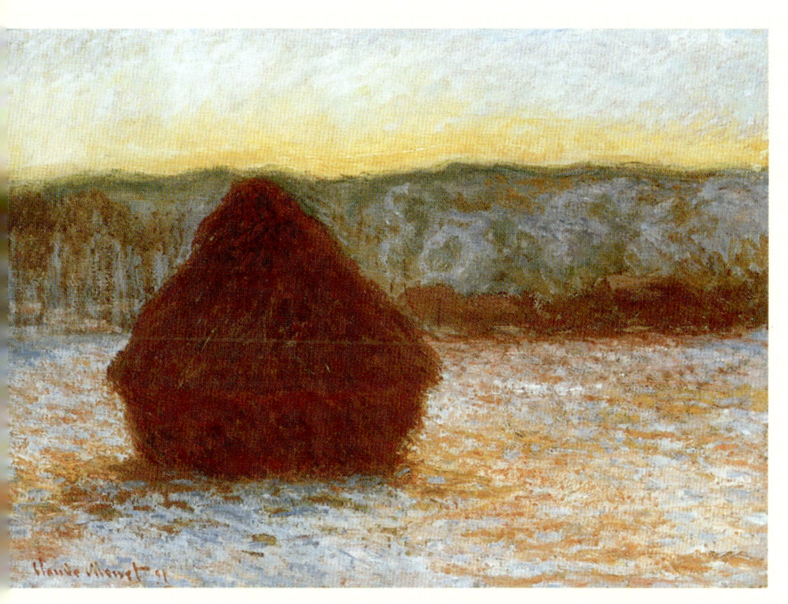

38 Claude Monet: Getreideschober bei Tauwetter und Sonnenuntergang, 1891, The Art Institute of Chicago

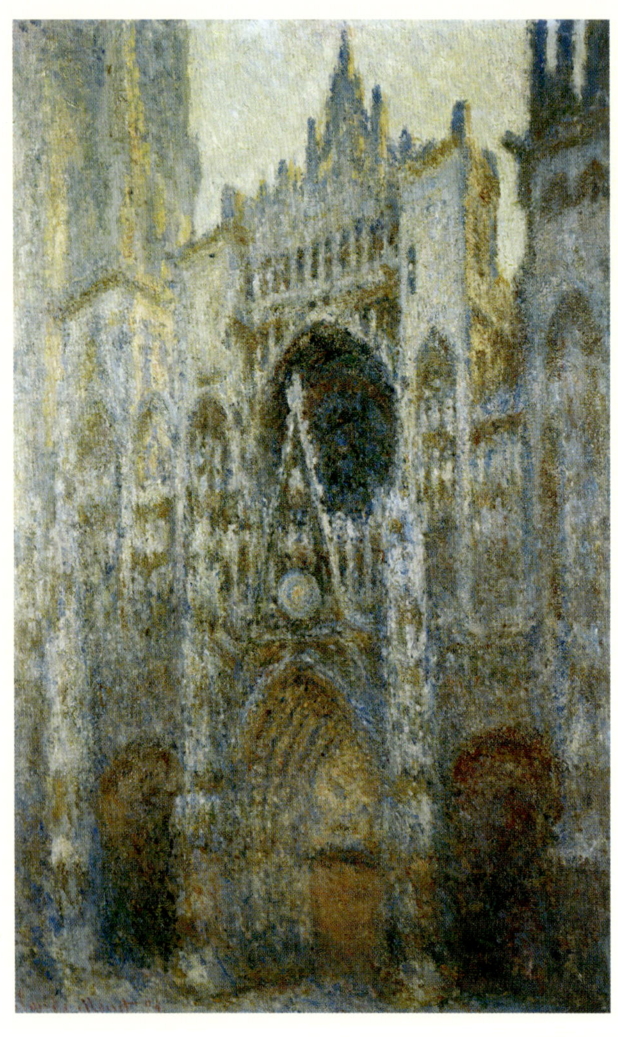

39 Claude Monet: Kathedrale von Rouen, das Portal im vollen Mittagslicht, 1894, Clark Art Institute, Williamstown, Massachusetts

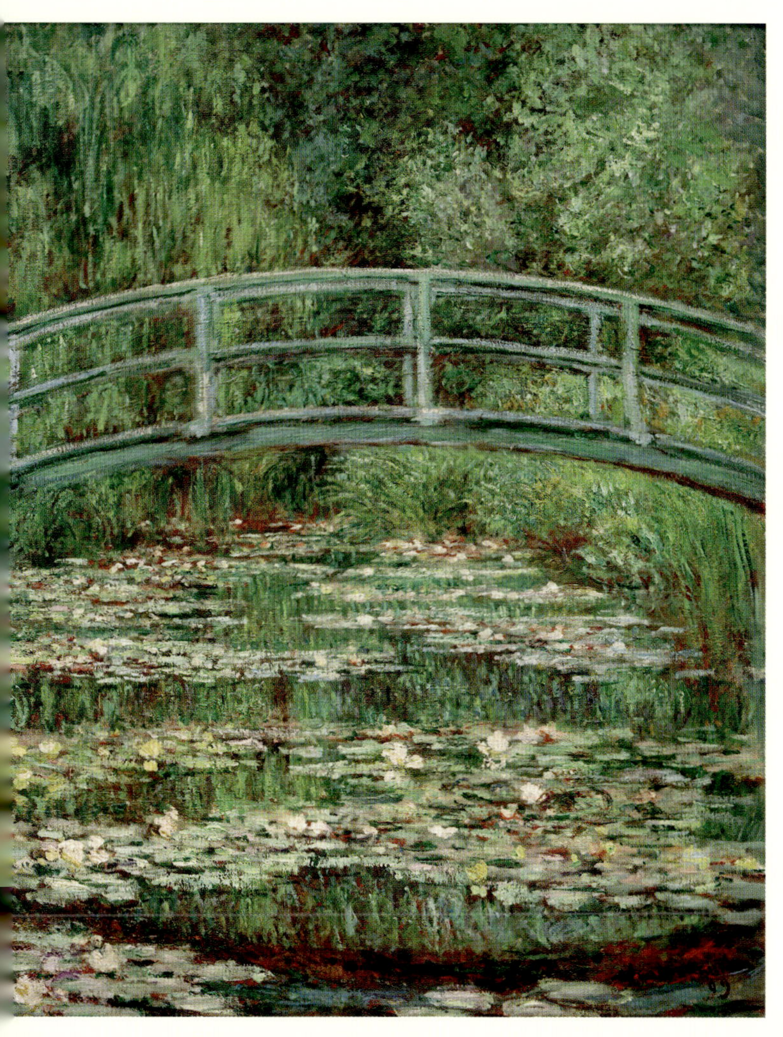

40 Claude Monet: Die Japanische Brücke, 1899, Metropolitan Museum of Art, New York

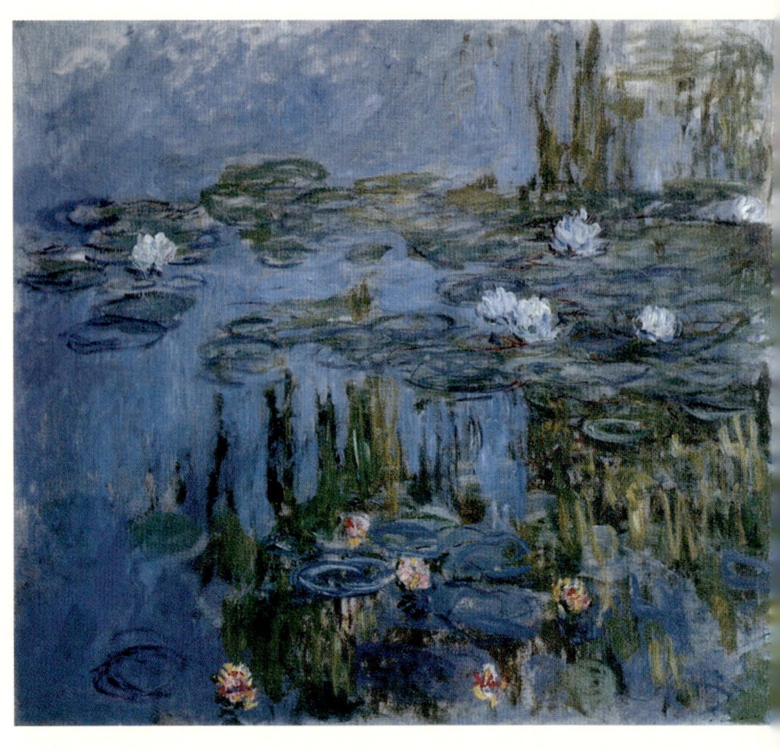

41 Claude Monet: Seerosen, 1915, Portland Art Museum

6. Reisen/Serien

Monets erste Einzelausstellung fand im Sommer 1880 in der zur Zeitschrift *La Vie moderne* gehörenden Pariser Galerie statt. Im Katalogvorwort beschrieb Duret den Künstler als Landschaftsmaler, für den das Festhalten des unmittelbaren Eindrucks das oberste Ziel seiner Malerei sei: «Ab sechs Uhr morgens beginnt Monet, eine weiße Leinwand mit farbigen Flächen zu bedecken, die den Farbflecken entsprechen, die sich tatsächlich in der natürlichen Szenerie vor seinen Augen befinden. Bei der ersten Sitzung gelingt ihm oft nicht mehr als eine Skizze. Wenn er dann am nächsten Tag an den Ort zurückkehrt, arbeitet er diesen ersten Entwurf weiter aus, und die Details treten deutlicher hervor, die Konturen werden klarer. So arbeitet er mehr oder weniger lange weiter, bis ihn sein Gemälde zufriedenstellt.» Zusätzlich zu Durets Beitrag erschien in *La Vie moderne* ein Interview mit Monet, das die Leser der Zeitschrift mit ihm vertraut machen sollte und dabei ebenfalls das Klischee des ausschließlich in der Natur arbeitenden Künstlers unterstrich: «Ich habe niemals ein Atelier gehabt, und ich kann überhaupt nicht verstehen, wie man sich in ein Zimmer einsperren kann. Zum Zeichnen ja, zum Malen nein», behauptete er in dem Gespräch und fügte hinzu, dass die Natur sein Atelier sei. Auch wenn man heute weiß, dass der Maler schon damals viele seiner in der Natur begonnenen Gemälde zu Hause fertigstellte, passte dies nicht zu seinem über Jahre kultivierten Image des allen Widrigkeiten zum Trotz unablässig in der Natur schaffenden Landschaftsmalers.

Mit Monets erster Einzelausstellung begann sich seine finanzielle Situation langsam zu entspannen, auch weil Durand-Ruel wieder besser verkaufte. Zudem finanzierte der Galerist Monet einige Arbeitsreisen an die normannische Küste, die diesem neue Inspirationen geben sollte. Die ungestüme Gegenwart des Mee-

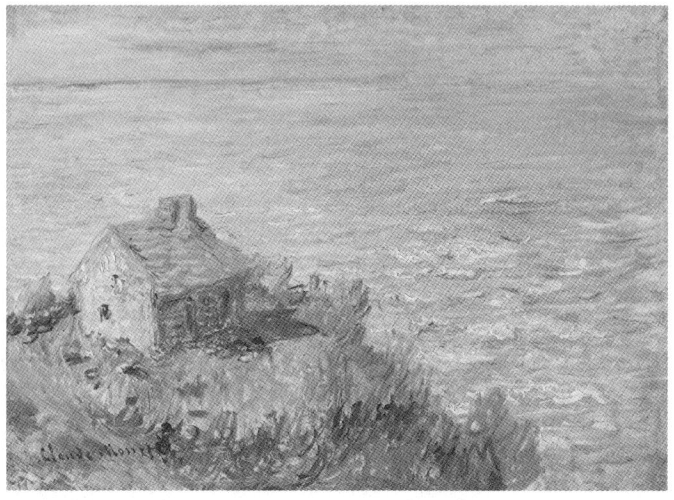

42 Claude Monet: Die Hütte der Zollwärter, 1882, Musée des Douanes, Bordeaux

res, das Monet seit seiner Kindheit ja bestens vertraut war, wirkte befreiend auf seine Malerei. Fern von Vétheuil, dem Ort der Trauer um Camille, malte Monet Bilder, die mit lockerem, wild bewegtem Pinselstrich die Rauheit des Meeres festhalten. Als könne er sich nicht sattsehen an diesem Naturschauspiel, näherte sich Monet aus unterschiedlichsten Blickwinkeln immer wieder der See. Die gedämpfte Farbigkeit und die kompositorische Strenge seiner vorherigen Landschaftsdarstellungen sind verschwunden. Über dreißig Mal nahm der Künstler *Die Hütte der Zollwärter* (Abb. 42) bei Dieppe in den Fokus. Das kleine Haus lag direkt an der Steilküste. In den Bildern wirkt das Gebäude angesichts der Weite des Meeres winzig und verloren. Ein anderes Motiv, dem Monet sogar rund fünfzig Darstellungen widmete, sind die spektakulären Felsformationen bei Étretat. Das schon damals bei Touristen beliebte Seebad ist von steilen Klippen mit imposanten Felsdurchbrüchen gerahmt. Diese hatten schon Boudin, Courbet und Jongkind festgehalten. Neben dem

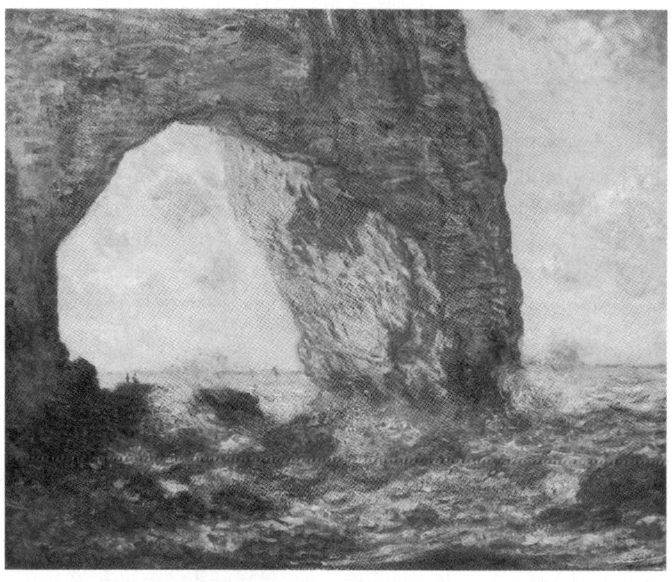

43 Claude Monet: Die Manneporte (Étretat), 1883, The Metropolitan Museum of Art, New York

Blick aus der Bucht heraus – hierfür brauchte Monet nicht einmal sein Hotel zu verlassen – malte er die größte der drei Öffnungen direkt von der Wasserlinie. In *Die Manneporte* (Abb. 43) macht die Monumentalität der kargen Felsen, umgeben von dem aufgepeitschten, sich in kontinuierlicher Bewegung befindlichen Wasser, die besondere Faszination der Darstellung aus. Als Monet 1885 erneut diesen Felsdurchbruch vom Strand aus malte, riss ihn die Brandung in die Fluten. «Ganz in meine Arbeit versunken, sehe ich nicht die riesige Welle kommen, die mich gegen den Felsen schleudert und mich unter ihrer Gischt begräbt, mit meinem gesamten Material», berichtete er Alice. «Meine Stiefel, meine groben Strümpfe und die Hose völlig durchnässt; meine Palette, die ich noch in der Hand hielt, war mir gegen das Gesicht geschlagen, und mein Bart war bedeckt mit Blau, Gelb und anderen Farben. Das ist alles nicht so schlimm, nachdem die Aufregung vorüber ist. Viel schlimmer ist, dass ich meine Leinwand verloren habe.»

Neben den regelmäßigen Fahrten in die Normandie zog es ihn mit zunehmendem Erfolg auch weiter fort. Gemeinsam mit Renoir erkundete Monet im Dezember 1883 die Riviera; sie besuchten Cézanne bei Marseille und fuhren weiter bis Genua. Sosehr Monet die Reise mit seinem Freund genoss, sosehr vermisste er die Ruhe zum Arbeiten. Bereits wenige Wochen nach der Rückkehr machte er sich deshalb erneut auf den Weg, diesmal allein. Er fuhr nach Bordighera, einen kleinen Küstenort in Ligurien (Abb. 30): «Ich befinde mich in einer zauberhaften Gegend. Ich weiß gar nicht, wohin meinen Kopf wenden, alles ist großartig, und ich möchte alles machen», schrieb er an Durand-Ruel. «Diese Landschaft hier ist für mich etwas ganz Neues, das ich studieren muss, und ich fange erst an, mich darin auszukennen; und um zu wissen, wohin ich gehe und was ich machen kann. Es ist schrecklich schwierig, es bedürfte einer Palette mit Diamanten und Juwelen.» Türkis, sattes Orange und leuchtendes Rot – Farben, die lange aus seinen Bildern verschwunden waren, kehrten nun mit voller Strahlkraft zurück. Drei Monate blieb er im Süden. Etwa fünfzig Bilder brachte er mit nach Hause, wobei kaum eines fertiggemalt war. Erst daheim vollendete er die Gemälde, die sowohl Kritiker als auch Sammler begeisterten.

Vermutlich um den Ort der Trauer hinter sich zu lassen, hatte sich Monet bereits Ende 1881 mit seiner «Großfamilie» zu einem Umzug entschlossen; von Vétheuil ging es nach Poissy zwanzig Kilometer westlich von Paris. Neben dem Schulbesuch von Alice' Kindern – die Kleinstadt verfügt über ein Gymnasium – spielten finanzielle Gründe eine Rolle, denn der Künstler hatte wieder einmal die Zahlung seiner Miete versäumt. Poissy blieb allerdings nur eine Zwischenstation, bevor er zwei Jahre später nach Giverny zog. Die Stadt diente Monet vor allem als Ausgangspunkt seiner immer häufiger werdenden Arbeitsreisen.

Monet beließ es nicht bei seinen Ausflügen an die Atlantikküste und das Mittelmeer. Gemeinsam mit Alice fuhr er in seinem neu erworbenen Auto bis nach Madrid und Venedig. Auch Norwegen, Holland und immer wieder London standen auf sei-

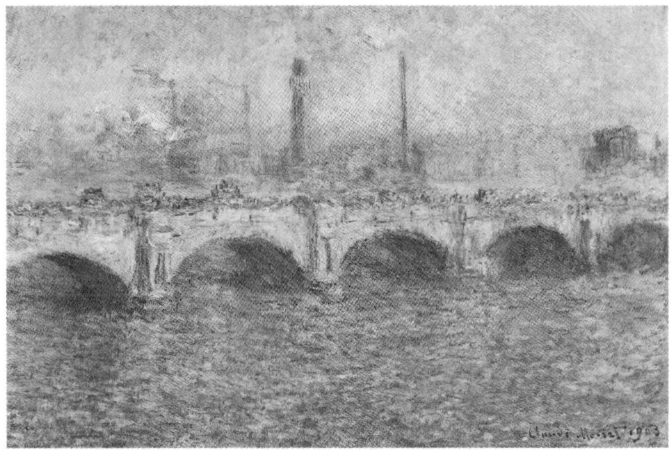

44 Claude Monet: Waterloo Bridge, bedeckter Himmel, 1900, Municipal Gallery of Modern Art, Dublin

nem Reiseplan. In der englischen Metropole faszinierten ihn vor allem die schwermütigen Licht- und Wetterstimmungen: «Ohne den Nebel wäre London keine schöne Stadt. Es ist der Nebel, der London seine wunderbare Weite gibt», so der Künstler. Von seiner Suite im Hotel Savoy hatte er einen großartigen Blick über die Themse. Von hier und der Terrasse des St Thomas Hospitals aus malte Monet knapp hundert Darstellungen der Waterloo und Charing-Cross Bridge (Abb. 35–36). Dabei widmetet er sich stets mehreren Leinwänden parallel, die er um sich herum auf Staffeleien aufbaute und die er nach den wechselnden Licht- und Wetterverhältnissen bearbeitete. In etlichen der Gemälde wirken die Architekturen wie eingehüllt in einen weich durchleuchteten Dunst. Erst nach und nach erahnt man in dem diesigen Licht die Konturen der Gebäude. In diesen atmosphärischen Gemälden wird die künstlerische Nähe zu William Turner und James McNeill Whistler deutlich. Anders, doch ebenso irreal, sind etliche der Darstellungen des britischen Parlaments (Abb. 31). Die Silhouette des imposanten Gebäudes wird hier zur Kulisse eines Farbschauspiels, in dem Fluss und Himmel erglühen. Die mit unruhigen, deutlich akzentuierten Pinselstrichen auf die Leinwand gebrachten grell leuchtenden Farben machen Monets Darstellung der untergehenden Wintersonne zu einer psychedelischen Farbexplosion. Mit einer mimetischen Wirklichkeitsschilderung hat dieses Spektakel nur noch wenig gemein. So überrascht es vielleicht auch nicht, dass Monet dieses und wohl auch die meisten anderen London-Bilder im heimischen Atelier aus der Erinnerung fertigstellte.

Obgleich Monets Reisen seiner Malerei wichtige Impulse für das Arbeiten in Serie gaben, waren sie nicht der Ausgangspunkt seines künstlerischen Interesses für dieses Verfahren, das sein Schaffen der letzten Lebensjahrzehnte prägte. Schon zu Beginn seiner Karriere finden sich immer wieder Hinweise darauf, dass der Künstler bei seinen Werken in übergeordneten Zusammenhängen dachte (siehe etwa Abb. 4–5) und in der Beschränkung auf ein Motiv einen Anreiz sah (Abb. 29–31, 35, 43–44). Doch Monets konsequente Arbeit in Serien – bei gleichzeitiger Reduktion auf ein einziges Motiv – nahm ihren Anfang erst im Winter 1888 mit den Getreideschober-Bildern, die er auf einem Feld in der Nähe seines Wohnortes begann und die auf den ersten Blick nichts weiter als das vom Bauern gelagerte Heu zeigen (Abb. 38). Hatte Monet zunächst in fünf Gemälden die «Meules» bei wechselnden Lichtverhältnissen gemalt, schuf er zwei Jahre später fünfundzwanzig weitere Gemälde mit dem exakt gleichen Motiv. Seinem Freund, dem Kunstkritiker Gustave Geffroy, berichtete der Künstler, er arbeite an «einer Serie unterschiedlicher Stimmungen», und klagte: «Die allumfassende atmosphärische Hülle, das gleiche Licht über allem ausgegossen; Dinge, die mit dem ersten Versuch leicht zu erreichen sind, verabscheue ich mehr als je zuvor. Kurz und gut, ich verzehre mich mehr und mehr in dem Verlangen, das wiederzugeben, was ich empfinde.» Auch wenn durch die wiederholte Darstellung des immer gleichen, unspektakulär wirkenden Motivs dieses zunächst in den Vordergrund rückt, verliert es durch die konstante Wiederholung doch an Bedeutung. Der konzeptionelle Ansatz lenkt die Aufmerksamkeit des Betrachters auf die Art und Weise der Darstellung, sodass die Bedeutung des Gegenstands hinter der Wahrnehmung der atmosphärischen Hülle, des sogenannten «enveloppe», zurücktritt. Das Thematisieren von Licht und Luft, das sich schon in Monets frühen Arbeiten andeutet, erreicht in dieser Serie einen ersten Höhepunkt. Unterschied Monet in früheren Gemälden statische und bewegte Materie oft durch den unterschiedlich strukturierten Farbauftrag, ist in diesen Bildern keine Differenz im Pinselduktus sichtbar. Alle Bildelemente formen eine Einheit. Der Bildgegenstand ist austauschbar geworden.

Als Monet seine Getreideschober-Bilder 1891 bei Durand-Ruel präsentierte, verfasste Geffroy das Vorwort für den Ausstellungskatalog und feierte in schwärmerischen Worten die poetische Dimension dieser Bilder als «grandiosen Triumph der Kunst». Monet habe «die Poesie des Universums auf begrenztem Raum gezeigt». Auch wenn der Künstler, so Geffroy «immer der unvergleichliche Maler der Erde und der Luft bleibe, der sich mit den flüchtigen Lichteinflüssen vor dem ewigen Hintergrund des Universums beschäftigt», werde deutlich, dass die Darstellungen in einem Kontext gesehen werden müssten, der weit über die einfache Wiedergabe sichtbarer Wirklichkeiten hinausgehe. Als Wassily Kandinsky 1913 eines der Getreideschober-Bilder in einer Moskauer Ausstellung sah, konnte er das Motiv ohne Hilfe des Titels nicht identifizieren: «Und plötzlich sah ich zum ersten Mal ein *Bild*. Dass das ein Heuhaufen war, belehrte mich der Katalog. Erkennen konnte ich ihn nicht. Dieses Nichterkennen war mir peinlich. Ich fand auch, dass der Maler kein Recht hat, so undeutlich zu malen. Ich empfand dumpf, dass der Gegenstand in diesem Bild fehlt.» Dann aber habe ihn plötzlich «die ungeahnte, früher mir verborgene Kraft der Palette» getroffen, «die über alle meine Träume hinausging. Die Malerei bekam eine märchenhafte Kraft und Pracht. Unbewusst war aber auch der Gegenstand als unvermeidliches Element des Bildes diskreditiert.»

Dieses veränderte Verhältnis von Malerei und Motiv wird in Monets 1892–95 entstandenen Darstellungen der Kathedrale von Rouen besonders deutlich (Abb. 39). Die insgesamt dreiunddreißig Bilder zeigen in Nahsicht die Fassade der gotischen Kirche. Für den Innenraum des Bauwerks und das durch die

Glasfenster strömende farbige Licht interessierte sich Monet überraschenderweise nicht. Durch den begrenzten Fassadenausschnitt rückt Monet das Gebäude so dicht an den Betrachter heran, dass dieser unmittelbar mit der steinernen Oberfläche konfrontiert ist. Er ging hier jedoch über die Darstellung der wechselnden Witterungsverhältnisse und die erkennbare Abfolge der Tageszeiten weit hinaus. «In Wirklichkeit konzentrierte sich Monet ganz auf die Erschließung einer Malerei, wie sie an den Mauern einer Kathedrale wächst», formulierte der russische Künstler Kasimir Malewitsch in seiner Schrift *Die neuen Systeme in der Kunst. Statik und Bewegung* beeindruckt. «Es geht nicht um die Kathedrale, sondern um die Malerei.» Obwohl Monet für das Malen der Kathedrale ein Zimmer gegenüber dem gotischen Bauwerk gemietet hatte, vollendete er die Bilder nicht vor Ort. Erst später stimmte er ihre Farbwirkungen aufeinander ab, sodass sie in harmonischen Abstufungen zueinanderstehen. Diese Eingriffe erfolgten teilweise noch 1895, als er zwanzig Bilder dieser Serie in der Galerie von Durand-Ruel in Paris ausstellte. «Für mich rangiert das Motiv», so Monet, «an zweiter Stelle. Ich möchte festhalten, was zwischen mir und dem Motiv vorgeht.» Dabei spielte es für ihn keine Rolle mehr, welchen momentanen Eindruck, welche «Impression» er beim Malen vor dem Objekt ursprünglich hatte. An Durand-Ruel schrieb er: «Ob meine Kathedralen, meine London- und andere Bilder nach der Natur gemalt sind oder nicht, geht niemanden etwas an und ist auch von keinerlei Bedeutung. Ich kenne soundso viele Maler, die nach der Natur malen und schauderhafte Sachen machen. [...] Das Resultat ist alles.» Nicht der äußerliche, spontane Eindruck zählte, sondern ganz allein die Bildwirkung.

Zahlreiche Zeitgenossen erkannten in Monets Serien-Darstellungen und vor allem bei den Kathedralen-Bildern eine große Nähe zu der damals auch in seinem Freundeskreis intensiv diskutierten Ideenwelt des Symbolismus. Oftmals missverstanden, beschreibt diese Strömung eine Geisteshaltung. Konkrete stilistische Vorgaben waren damit nicht verbunden. Bis heute gilt Jean Moréas' im September 1886 in der Literaturbeilage des *Figaro* publiziertes symbolistisches Manifest als das grundlegende Dokument dieser Bewegung. Der Kernsatz des Textes lautet: «Die wesentliche Eigenschaft der symbolistischen Kunst besteht darin, eine Idee niemals begrifflich zu fixieren oder direkt auszusprechen.» Zu den Protagonisten dieser Bewegung zählte Stéphane Mallarmé, der mit Monet im engen Kontakt stand und dessen – so wörtlich – «Genie» bewunderte. Ebenfalls mit Monet befreundet war der Schriftsteller Octave Mirbeau, der ihn 1891 unter dem Eindruck der Kathedralen als einen Mann beschreibt, «der das Unberührbare berührt hat, der das Unaussprechliche zum Ausdruck gebracht hat und dessen Zaubermacht über unsere Träume der Traum selbst ist, den die Natur so geheimnisvoll entfaltet, der Traum, der so geheimnisvoll durch das göttliche Licht sickert.»

Gerade die Symbolisten waren fasziniert von diesen steinernen Kolossen, die als stumme Zeugen von einer lange zurückliegenden Vergangenheit kündeten, die voller Spiritualität war. Der belgische Symbolist Georges Rodenbach sah in Monet einen der «größten zeitgenössischen Maler», der eine Kunst schaffe, in der alles Poesie ist: «Herr Claude Monet ist der Paganini des Regenbogens.» Geffroy, Mallarmé, Mirbeau und Rodenbach waren überzeugt, dass die äußere Wirklichkeit in der Kunst ihres Freundes lediglich als Verweis auf einen dahinterliegenden, tieferen Inhalt diente. Monet selbst äußerte sich nicht dazu. Der Künstler war nicht religiös und widmete sich keinen spirituellen Sujets. Mit der Ursprungsidee der Impressionisten, dem Bemühen, möglichst spontan und so direkt wie möglich den Augenblick zu erfassen und auf die Leinwand zu bannen, hatte Monets künstlerische Haltung aber nun nichts mehr zu tun. Sowohl durch die Motivwahl der Kathedralen-Serie, als auch durch das Verfahren selbst, das dem visuellen Effekt des Bildes die oberste Priorität einräumte, hatte er sich von seinen Anfängen weit entfernt. Der von Duret 1878 zum «Impressionist par excellence» erhobene Künstler gehörte damit endgültig der Vergangenheit an.

Zwar war Monet nicht der erste Künstler, der die eng begrenzte Ansicht eines einzelnen Motivs in Serie festhielt – schon

Courbet hatte 1867 in einer Ausstellung dreizehn Meeresansichten präsentiert –, doch widmete er sich diesem Verfahren in einer nie da gewesenen Konsequenz. So wird sein gesamtes Spätwerk von Serien dominiert, die sich rasch zu einer Art Markenzeichen seiner Malerei entwickelten. «Ich weiß nicht, wieso es Monet nicht peinlich ist, sich diesen ständigen Wiederholungen zu unterziehen – aber da siehst du mal wieder, welch schreckliche Konsequenzen der Erfolg haben kann!», klagte Pissarro, noch bevor er 1891 bei Durand-Ruel die Ausstellung der fünfzehn Getreideschober-Bilder gesehen hatte. Der Galeriebesuch versöhnte ihn aber: «Gestern wurde die Ausstellung von Monet bei Durand eröffnet. [...] Es ist mir sehr lichtvoll und meisterhaft vorgekommen – unanfechtbar.» Auch Kunstkritiker und Publikum reagierten euphorisch auf diese Ausstellung, die zum Stadtgespräch wurde. Als Monet vier Jahre später seine Kathedralen präsentierte, war das Echo erneut überaus positiv. Ohnehin erhielt der Künstler seit Mitte der 1880er-Jahre immer bessere Kritiken; auch die Anzahl der Verkäufe und die der gezahlten Preise stieg kontinuierlich. In den USA stießen seine Bilder nun ebenfalls auf reges Interesse. Dass so viele seiner Gemälde in das «Land der Yankees» verkauft wurden, beobachtete der Künstler aber mit zwiespältigen Gefühlen. Auch wenn er sich über die dort gezahlten Preise freute, bedauerte er, dass so viele seiner Arbeiten seine Heimat verließen. Doch die Geschäfte gingen vor. Mit großem Geschick nutzte Monet – Sohn einer Kaufmannsfamilie – die wachsende Nachfrage zu seinem wirtschaftlichen Vorteil. Neben Durand-Ruel ließ er sich nun von weiteren Galeristen vertreten, darunter auch der Kunsthändler Theo van Gogh. Welche Ausnahmestellung Monet damals einzunehmen begann, zeigt sich in einer Frage Vincent van Goghs an seinen Bruder: «Was Claude Monet in der Landschaftsmalerei ist, das ist in der Figurenmalerei, ja wer ist das eigentlich?» Sie wussten auf diese Frage keine Antwort.

7. Giverny

Als Monet gemeinsam mit Alice Hoschedé und den acht Kindern 1883 von Poissy nach Giverny umzog, zählte das knapp fünfundsechzig Kilometer nordwestlich von Paris gelegene Dorf 279 Einwohner. Monet kannte die einsame Gegend, da er hier auf dem Weg in die Normandie häufig vorbeigekommen war. Nicht das Dorf – es waren die pittoreske Landschaft und vor allem das zur Miete angebotene Anwesen, die den Künstler begeisterten. Das von einer Mauer eingefasste Grundstück bot mit mehreren Gebäuden und einem großen Obstgarten dem Maler und seiner Großfamilie erstmals wirklich ausreichend Platz zum Leben und Arbeiten. Das rosa gestrichene Haupthaus mit grünen Fensterläden ließ Monet mit wildem Wein und Kletterrosen beranken. In einem Seitengebäude richtete sich der Künstler ein Tageslichtatelier ein, das ihm genügend Raum bot, zeitgleich mehrere Großformate zu bearbeiten. Als das Ensemble sieben Jahre nach dem Einzug zum Verkauf stand, zögerte Monet nicht, es zu erwerben. Seine gesamte zweite Lebenshälfte, über vierzig Jahre, wohnte er in Giverny.

Der Umzug und der wachsende berufliche Erfolg brachten Ruhe in das rastlose Leben des Künstlers. Endlich stellte sich ein Gefühl der Zufriedenheit ein. «Das einfache Wohnhaus mit seiner modischen Einrichtung aus Flechtwerk und rotem Leinenstoff strahlte Freude und Lebendigkeit aus», berichtete der Künstler Jaques-Émile Blanche nach einem Besuch in Giverny. «Die Wände des Esszimmers hatte Monet mit weißen Damast-Tischdecken bespannt. Auf silbernem Grund hingen Reproduktionen japanischer Bilder. Der Tisch wurde geschmackvoll gedeckt, ganz wie bei Whistler, und ließ köstliche Gaumengenüsse ahnen. Der Herr des Hauses zeigte sich als Kenner feiner Speisen und überraschte seine Tischgäste mit auserlesenen Gerichten. Friedliebend, sinnenfreudig und froh darüber, ein komfortables Heim zu besitzen, genoss er dieses Glück.» Hierzu trug auch die Eheschließung mit Alice im Sommer 1892 bei. Ein Jahr zuvor war ihr Mann Ernest Hoschedé gestorben, nun legalisierten sie ihre Beziehung. Fortan konnten sie auch öffentlich als Paar auftreten.

Die Bauern der Umgebung beobachteten das Treiben der neuen Nachbarn argwöhnisch. Für sie war Monet ein merkwürdiger Eigenbrötler, der am Dorfleben kein Interesse zeigte und dessen Kunst sie nicht verstanden. Jeden Tag verließ der Künstler schon im Morgengrauen sein Grundstück, um auf den Feldern in der näheren Umgebung *en plein air* zu malen. In einer Schubkarre transportierten ihm seine Kinder die Leinwände und das Malzeug, während er selbst die Staffelei trug. Jean-Pierre Hoschedé, der beim Einzug sechs Jahre alt war, erinnerte sich noch 1960, wie die Bauern ihnen das Leben erschwert hatten, indem sie Wegzoll für das Überqueren von Feldern verlangten oder den Maler dafür bezahlen ließen, dass die Getreideschober erst nach Fertigstellung seiner Bilder abgetragen wurden.

Schon in Argenteuil und Vétheuil hatte Monet viel Zeit in die Pflege der Gärten investiert, doch erst in Giverny konnte er sich voll entfalten. Direkt nach seinem Einzug begann er mit einem immensen Arbeitsaufwand den Garten umzugestalten (Abb. 45). Obstbäume wurden gerodet und Grasflächen in Blumenbeete verwandelt, die mit Narzissen, Rosen, Tulpen und Veilchen bepflanzt wurden: «An meinem Garten arbeite ich kontinuierlich und mit Liebe, am nötigsten brauche ich Blumen, immer, immer. Mein Herz ist stets in Giverny», notierte Monet. War der Künstler auf Reisen, erkundigte er sich nach dem Gedeihen der Pflanzen. Als er nach Rouen fuhr, um die Kathedralen-Bilder zu malen, führte ihn sein erster Weg nicht zu der Kirche, sondern in die Gewächshäuser der Stadt, wo er sich mit dem Direktor des Botanischen Gartens traf. Auch aus Katalogen bestellte Monet regelmäßig teure exotische Pflanzen wie Glyzinie, Iris oder Bambus. Bei seinen Pflanzungen achtete er darauf, dass vom Frühjahr bis in den Spätherbst die Blütendichte und das Spiel der Farben in seinem Garten nicht nachließen. «Das Erstaunlichste für den Besucher ist die Harmonie, die sich aus der Zu-

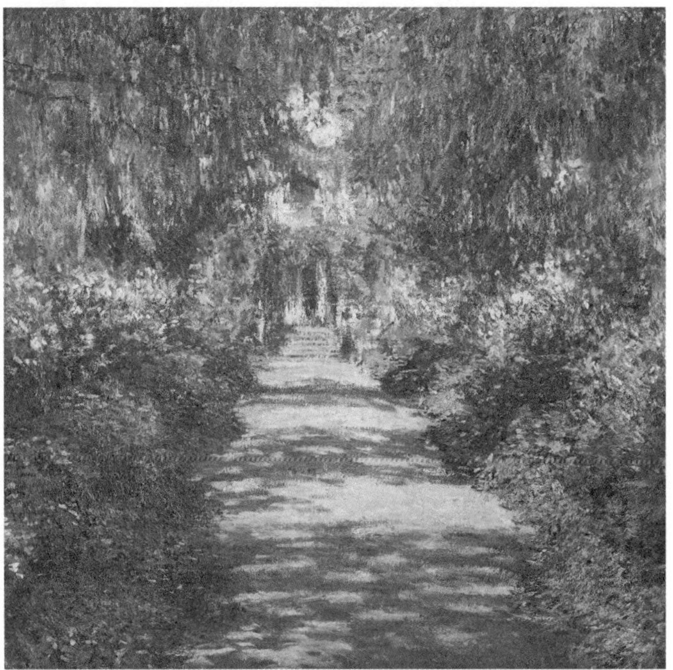

45 Claude Monet: Eine Allee in Monets Garten in Giverny, 1902, Österreichische Galerie Belvedere, Wien

sammenstellung der gegensätzlichsten Farben und aus dem Geschmack ergibt, der die Auswahl dieser herrlichen Blütenpracht bestimmt hat», bemerkte voll Anerkennung eine Gartenzeitschrift. «Ein wahres Feuerwerk vollzieht sich von Mai bis Ende Oktober in diesen Gärten, und die gewaltige Farbenpracht lässt ausnahmslos alle Passanten auf der Straße, die Claude Monets Grundstück in zwei Teile trennt, innehalten und eine wahrhaft märchenhafte Kreation mit dem heftigen Verlangen bewundern, sie zu besuchen.» Monet interessierte an seinem Garten vor allem der Gesamteindruck, das nur scheinbar freie Spiel der Farben und Formen. Wie in seiner Malerei war dieses Idyll sorgfältig komponiert, blieb nichts dem Zufall überlassen.

Immer wieder erweiterte der Künstler den Garten: Schon 1893 konnte er ein etwa 7500 qm großes verwildertes Stück Land dazuerwerben, durch das ein Nebenarm der Epte fließt. Hier legte Monet einen Teich an und setzte aus Japan importierte Seerosen ein. Um die für diese Pflanzen nötige Wassertemperatur zu erreichen, wurde ein aufwendiges Schleusensystem entwickelt. Einer seiner sechs Gärtner war allein für die Pflege der Seerosen und des Teichs verantwortlich. Zu dessen Aufgaben zählte auch, die Seerosen in der von Monet vorgegebenen Position zu halten. Von japanischen Vorbildern inspiriert, ließ der Künstler eine Holzbrücke an der schmalsten Stelle des Bassins errichten. Ähnliche Brücken finden sich auf den japanischen Farbholzschnitten, die noch heute im ehemaligen Esszimmer der Monets hängen. In dem Gemälde *Die Japanische Brücke* (Abb. 40) von 1899 schimmert die gesamte Leinwand in Grüntönen; den einzigen abweichenden Farbakzent bieten die auf der spiegelnden Oberfläche des Teichs schwimmenden Wasserrosen. Himmel und Horizont sind nicht zu sehen. Räumliche Tiefe verleiht der Darstellung nur der Brückenbogen, der sich sanft geschwungen in der oberen Bildhälfte über die Leinwand spannt. Das Gemälde gehört zu einer Serie von Brücken-Bildern, die Durand-Ruel 1900 ausstellte. Noch stärker als in Monets vorherigen Serien verflüchtigt sich hier der Bildgegenstand, da dieser hinter dem virtuosen Spiel mit dem Eigenwert der Farbe zurücktritt. In Monets späteren Brückenbildern steigert sich diese Entwicklung noch: Der reliefartige Farbauftrag ist so dick, der Pinselduktus so expressiv und roh, dass das Motiv kaum mehr zu erkennen ist (Abb. 46).

Auch Monets parallel entstandene Seerosen-Bilder stellen eine besondere Herausforderung und Seh-Erfahrung für den Betrachter dar, beschränken sie sich doch ganz auf die Wiedergabe der spiegelnden Wasseroberfläche (Abb. 41). Oben und unten, vorne und hinten sind keine verlässlichen Konstanten mehr. Die helle Himmelszone rückt dabei mitunter in den unteren Bereich der Leinwand. Keine Uferböschung, keine Begrenzung gibt dem Auge des Betrachters Halt. Scheinbar willkürlich bestimmt der Künstler den Ausschnitt. Das gesamte Bildfeld scheint in Bewe-

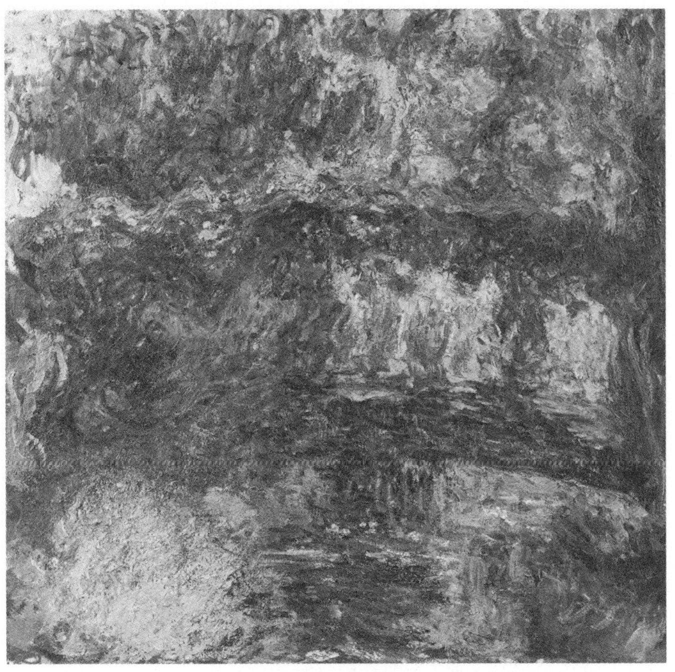

46 Claude Monet: Die Japanische Brücke, 1899, Philadelphia Museum of Art

gung. Man hat das Gefühl, in die Darstellung eintauchen zu können, noch forciert durch die großen Bildformate, da die Ränder der Leinwand oft außerhalb des Blickfelds des Betrachters liegen. «Ich brauchte einige Zeit, um meine Seerosen zu verstehen», formulierte Monet rückblickend. «Ich hatte sie aus reinem Vergnügen gepflanzt, ich zog sie heran, ohne daran zu denken, sie zu malen. Eine Landschaft geht einem nicht an einem Tag unter die Haut. Und dann hatte ich plötzlich die Offenbarung, wie wunderbar mein Teich war, und griff nach der Palette. Seit jenem Augenblick habe ich kaum ein anderes Sujet gehabt.» Während Monet die anderen Bereiche seines Garten nur sporadisch darstellte, avancierten die Japanische Brücke und der Seerosenteich, den der Künstler mehrfach vergrößern ließ, zu den vorherrschenden Motiven seiner letzten beiden Lebensjahrzehnte; in über 250 Gemälden widmete er sich seinem Wassergarten.

Schon in früheren Gemälden wie der *Grenouillère* (Abb. 14) oder *Häuser am Ufer der Zaan* (Abb. 18) zeigte sich Monets intensives Interesse an Spiegelungen. Doch während dort der räumliche Bezug zwischen Spiegelndem und Gespiegeltem stets sichtbar bleibt, verschwimmt diese Unterscheidung in den Darstellungen des Teichs. Hier wird die ganze Leinwand zum Spiegel für etwas, das sich außerhalb des Bildfelds befindet. Auf der Wasseroberfläche schwimmende Blätter und Blüten haben dieselbe Präsenz, wie sich spiegelnde Pflanzen oder Wolken. Das Wechselspiel von Nähe und Distanz – ein Grundmuster in Monets Œuvre – bestimmt auch die Wahrnehmung der Seerosenbilder.

Parallel dazu trieb Monet die Auflösung der Form zugunsten eines stark abstrahierenden Farbauftrags voran. In bis zu dreißig Arbeitsgängen trug er mit entölter, trockener Ölfarbe unzählige Farbschichten auf. Das lockere, spontan anmutende Gewirr aus unterschiedlich breit gesetzten Pinselstrichen und Tupfern verdeckt diesen Farbgrund nur partiell. Es entsteht eine unruhige, vibrierende Oberfläche, die sich je nach Lichteinfall und Blickwinkel des Betrachters ständig verändert. Monet erzeugt damit eine Bildwirkung, die an Abstraktion grenzt und die in dieser Radikalität in der Kunstgeschichte des frühen 20. Jahrhunderts einzigartig ist.

«Diese Wasserlandschaften und Spiegelungen sind für mich geradezu eine Obsession geworden. Ich bin ein alter Mann, und das übersteigt meine Kräfte. Trotzdem will ich versuchen, das wiederzugeben, was ich empfinde. Ich habe Bilder vernichtet [...] Ich hoffe, dass bei diesem Kraftaufwand ohnegleichen letztendlich etwas herauskommt», so der 68-jährige Maler im Spätsommer 1908. Mit dem Hinweis auf das Zerstören von Leinwänden reagierte der Künstler auf Berichte, wonach er mehrfach Bilder im Garten verbrannt habe, von deren Qualität er nicht überzeugt war. Bereits damals begannen sich die Preise für seine Bilder in immer schwindelerregendere Höhen zu schrauben, weshalb auch der Kunstmarkt danach strebte, möglichst viele seiner Werke anzubieten. «Ich muss auf meinen Ruf als Künstler achten, solange ich es noch kann. Wenn ich erst einmal tot bin, wird niemand eines meiner Bilder vernichten, wie schlecht es auch sein mag.»

Monets Garten wurde mit der Zeit zu einer Sehenswürdigkeit, die neben Kunst- nun auch Pflanzenliebhaber aus der ganzen Welt nach Giverny lockte. Zur Berühmtheit des Gartens trugen euphorische Medienberichte bei. Schon 1901 beschrieb ihn der *Figaro* als grünes Paradies: «Wo auch immer Sie sich hindrehen, zu Ihren Füßen, über Ihrem Kopf, in Brusthöhe, befinden sich Teiche, Blumengirlanden, blühende Hecken in Harmonien, die gleichzeitig wildwachsend und geplant sind und sich zu jeder Jahreszeit verändern und erneuern [...] Stellen Sie sich alle Farben einer Palette, alle Töne einer Fanfare vor: Das ist Monets Garten!» Giverny wurde zu einer Art Pilgerstätte. Mit der Ruhe im Dorf war es damit vorbei. Wiederholt klagten Nachbarn über den zunehmenden Verkehr. Monet trug selbst dazu bei; er war stolzer Besitzer mehrerer Automobile und liebte die Geschwindigkeit. 1904 musste er sich wegen zu schnellen Fahrens sogar vor Gericht verantworten.

Monets zunehmender Erfolg in den USA ließ in Giverny eine kleine Kolonie amerikanischer Maler entstehen, die ihn verehrten und ihm nacheiferten. Er war jedoch launisch und unnahbar. Erst nach der Heirat seiner Stieftochter Suzanne mit dem amerikanischen Maler Theodore Butler 1892 verbesserte sich das Verhältnis, und Monet gewöhnte sich an die Bewunderung der «Givernisten», wie sie halb im Spaß genannt wurden. Nach der Jahrhundertwende waren Monets Bilder fast kontinuierlich in Ausstellungen zu sehen. Auch in Russland und Japan sammelt man seine Arbeiten nun. In Deutschland war es der Kunsthändler Paul Cassirer, der sich für ihn einsetzte und Museen überzeugte, seine Werke zu erwerben, bevor es zu Ankäufen durch Institutionen in anderen Ländern kam. Doch trotz des überwältigenden Erfolgs und der Anerkennung, nach denen er so lange gestrebt hatte, waren Monets letzte Lebensjahre auch von Rückschlägen geprägt. Am 19. Mai 1911 starb Alice. Seit

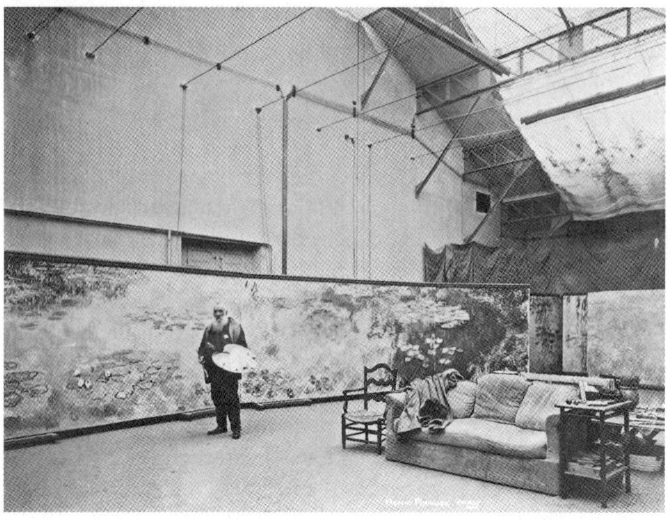

47 Henri Manuel: Foto von Monet in seinem Studio vor ‹Morgen›, ca. 1924–25

Camilles frühem Tod hatte sie den Künstler durch sein Leben begleitet. Mit ihr verlor er seine wichtigste Kritikerin. Zudem litt Monet unter den Symptomen des grauen Stars; die Erkrankung schränkte sein Sehvermögen immer stärker ein. In dieser Phase der Trauer und der ständigen Angst um sein Augenlicht begann der greise Künstler sein ehrgeizigstes Projekt, ein Panorama von großformatigen Seerosenbildern.

Monet hatte die Idee, «einen kreisrunden Raum, nicht zu groß, aber gut proportioniert» mit Gemälden zu gestalten, schon früher gehabt. Auf das Drängen seines Freundes Gustav Geffroy und des Politikers Georges Clemenceau nahm er im Frühjahr 1914 die Arbeit an dem von ihm *Grandes Décorations* genannten Projekt auf, das, so der Künstler, «ehrlich gesagt, der reinste Wahnsinn ist». Monet und Clemenceau kannten sich schon lange, doch erst nach der Jahrhundertwende entwickelte sich eine enge Freundschaft. Die riesigen Leinwandformate – die Triptychen haben eine Spannbreite von über zwölf Metern – er-

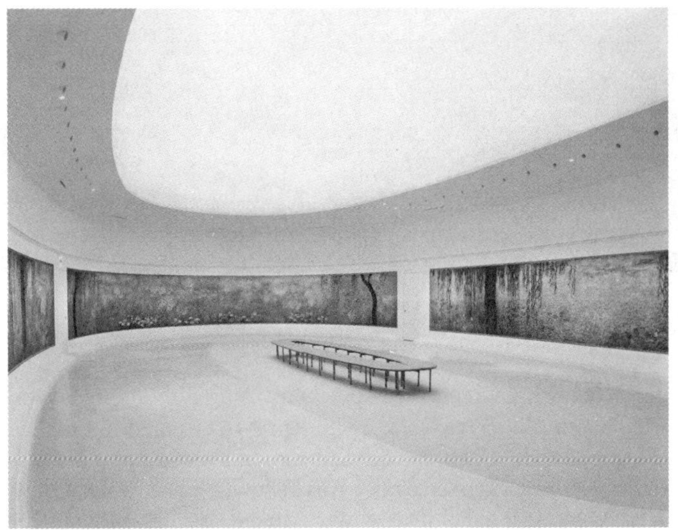

48 Monet, Seerosen, Raumansicht Orangerie

forderten den Bau eines noch größeren Ateliers (Abb. 47). Mitten im Krieg war dies kein selbstverständliches Unterfangen, das nur die Fürsprache weiterer einflussreicher Freunde möglich machte. Kaum waren die Räumlichkeiten geschaffen, arbeitete Monet fieberhaft an dem Ensemble; vermutlich entwarf und verwarf er fast vierzig Leinwände. Am Tag nach dem Waffenstillstand schrieb der Künstler an Clemenceau: «Lieber und teurer Freund! Ich bin kurz davor, zwei Bilder fertigzustellen, die ich am Tag des Sieges signieren will, und ich möchte Sie bitten, sie über Ihre Vermittlung dem Staat zu schenken. Es ist wenig, aber die einzige Möglichkeit, die ich habe, um am Sieg teilzunehmen.» Es kam jedoch nicht dazu. Monet ließ sich auf den Gegenvorschlag von Geffroy und Clemenceau ein, der die Schenkung von zwölf Seerosenbildern vorsah, die als Panorama in einer neu zu errichtenden Halle des Friedens dauerhaft in Paris gezeigt werden sollten. Als sich der Bau der Halle nicht wie geplant verwirklichen ließ, drohte der Künstler wiederholt mit

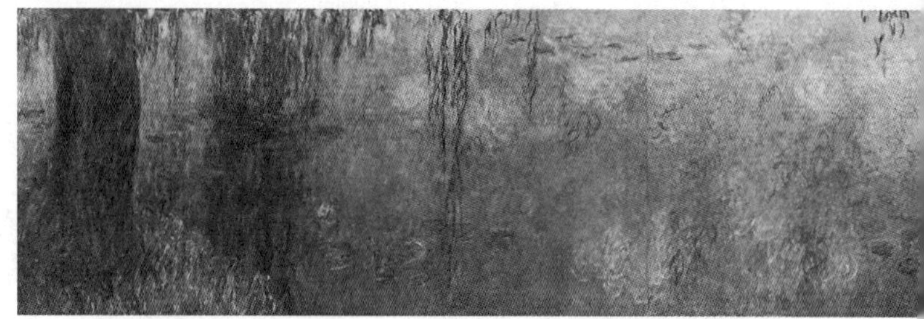

49 Claude Monet: Grandes Décorations, Morgen, Musée de l'Orangerie, Paris

der Rücknahme seines Versprechens. Nur auf Drängen von Clemenceau unterzeichnete er im April 1922 einen notariellen Vertrag, der die Übergabe der Schenkung bis 1924 und die Einrichtung zweier großer ovaler Ausstellungsräume in der Orangerie (Abb. 48), nahe dem Louvre, vorsah. Wenige Monate vor seinem Tod schloss er die Arbeit an den Seerosen-Tafeln ab, weigerte sich aber, sich von den Bildern zu trennen. Als Monet am 5. Dezember 1926 mit 86 Jahren stirbt, hat er alle seine ehemaligen Weggefährten lange überlebt: Degas, Cézanne, Manet, Pissarro, Renoir und Sisley. Er findet im Familiengrab auf dem Friedhof in Giverny neben Alice seine letzte Ruhe. Auf seinen Wunsch hin erfolgte keine kirchliche Trauerfeier. Und wie vereinbart wurden wenige Monate später, im Mai 1927, die Seerosen-Bilder in der Orangerie der Öffentlichkeit in zwei Sälen präsentiert.

Bis heute vermitteln die aus zweiundzwanzig Leinwänden bestehenden acht Wandbilder eindrucksvoll die künstlerische Essenz von Monets Spätwerk (Abb. 49). Kein Rahmen begrenzt die Leinwände, die durch die riesige Spannbreite das Blickfeld des Betrachters vollständig einnehmen. Wollte der Künstler dem Betrachter ursprünglich den Eindruck vermitteln, er stünde inmitten des Wassergartens von Giverny, war dies bei der ausgeführten Version nicht mehr das Ziel. Die Bilder zeigen verschiedene Ansichten der Wasseroberfläche, die in ihrer Gestaltung so allgemein gehalten sind, dass die Wiedergabe des Natur-

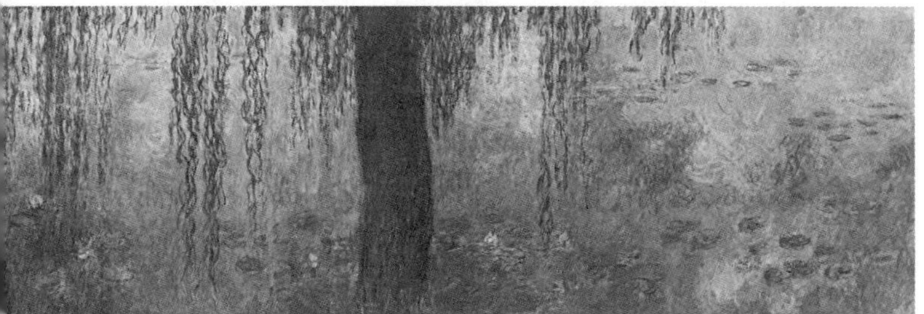

eindrucks nur noch eine untergeordnete Rolle spielt. Monet verzichtet auf die Schilderung einer objektiven Wirklichkeit. Konstanten wie vorne und hinten, oben und unten, Anfang und Ende sind hier nebensächlich. In unzähligen Malvorgängen trug er mit breitem Pinselstrich mehrere lasierende Farbschichten relativ trockener Ölfarbe übereinander auf. Ins Zentrum der Aufmerksamkeit rückt die Farbe selbst, welche von ihrer dienenden Darstellungsfunktion weitestgehend befreit ist. Der Bruch mit traditionellen Bildvorstellungen zielt darauf, einen Erfahrungsraum zu schaffen, der in seiner Offenheit jeden Einzelnen einlädt, in diese Welt aus Farbe und Licht einzutauchen und so den Abstand zwischen sich und dem Kunstwerk aufzuheben.

Monets Betonung der Farbe als Ausdrucksmittel und die bei ihm damit einhergehende Annäherung von Bild- und Betrachterraum faszinierte nach dem Zweiten Weltkrieg eine Gruppe junger Künstler, die unter der Bezeichnung Abstrakte Expressionisten in die Kunstgeschichte eingingen. Künstler wie Barnett Newman, Mark Rothko, Jackson Pollock oder Clyfford Still fanden in Monets Spätwerk eine wichtige Inspirationsquelle für ihre großformatige, gegenstandslose und ganz auf die Wirkung der Farbe vertrauende Malerei. Der amerikanische Professor und Kurator am Museum of Modern Art in New York James Rubin war bereits 1967 sogar davon überzeugt, dass «die großen, späten Monets die einzigen wirklichen Vorläufer in der modernen Tradition der wandfüllenden Formate» für die Abstrakten Expressionisten sind. Ohne die Anregung durch Monet wäre die Kunstgeschichte des 20. Jahrhunderts sicherlich anders verlaufen. Dabei ist Monet bis heute trotz seiner ungeheuren Popularität immer auch ein Künstler für Künstler geblieben, die sich nicht für die Theorie, sondern für die Kraft der Malerei begeistern.

Biographie

1840 Oscar Claude Monet wird am 14. November als zweiter Sohn des Lebensmittelgroßhändlers Claude Adolphe Monet und dessen Frau Louise Justine, geborene Aubrée, in der Rue Lafitte 45 in Paris geboren.

1845 Umzug der Familie nach Ingouville, einem Vorort der Hafenstadt Le Havre, wo der Vater in das prosperierende Kolonialwarenunternehmen seines Schwagers Jacques Lecadre einsteigt.

1851 Monet besucht die Grundschule, wechselt später auf das städtische Gymnasium. Er gilt als mittelmäßiger Schüler. Sein Zeichenlehrer ist Jacques-François Ochard.

1854 Monet beginnt mit dem Zeichnen von Karikaturen (Abb. 1). Durch deren Verkauf bessert er sein Taschengeld auf.

1856 Nimmt Unterricht an der städtischen Malschule. Lernt durch Zufall den Künstler Eugène Boudin kennen, der ihn mit der Landschaftsmalerei im Freien vertraut macht und ihn fortan als Mentor unterstützt.

1857 Monets Mutter stirbt am 28. Januar. Monet zieht mit seinem Vater und Bruder in das Haus seines Onkels Jacques Lecadre nach Le Havre.

1858 Nach dem Tod des Onkels nimmt sich seine Tante Marie-Jeanne Lecadre, eine Amateurmalerin, seiner weiteren Ausbildung an.

1859 Reist nach Paris. Besucht den Salon. Lernt den Tiermaler Constant Troyon kennen.

1860 Schreibt sich an der Académie Suisse ein, wo er mit Camille Pissarro Freundschaft schließt.

1861 Im Februar besucht Boudin Monet in Paris. Monet wird für den siebenjährigen Militärdienst eingezogen. Er wird dem ersten Regiment der Afrika-Kavallerie in Algerien zugeteilt.

1862 Im Sommer erkrankt Monet und wird zurück nach Frankreich geschickt. Er lernt beim Genesungsurlaub in Le Havre – vermutlich durch Vermittlung von Boudin – den holländischen Landschaftsmaler Johan Barthold Jongkind kennen. Sie malen gemeinsam an der Küste. Nach Monets Genesung entrichtet seine Tante Marie-Jeanne Lecadre einen Betrag, um ihn vom Militärdienst freizustellen. Umzug nach Paris und Begegnung mit Gustave Courbet. Eintritt ins Schulatelier von Charles Gleyre, wo auch Frédéric Bazille, Auguste Renoir und Alfred Sisley studieren.

1863 Unternimmt mit Bazille Malausflüge in den Wald von Fontainebleau. Aus finanziellen Gründen muss Gleyre sein Schulatelier schließen.

1864 Im Sommer Aufenthalt an der normannischen Küste. Malt in Honfleur mit Boudin und Jongkind. Widmet sich zunehmend der Freilichtmalerei.

1865 Mietet sich gemeinsam mit Bazille ein Wohn-Atelier in Paris. Salon-Debut mit *Die Seinemündung bei Honfleur* und *Das Kap von La Hève bei Ebbe* (Abb. 4 und 5). Édouard Manet wird auf den jungen Maler aufmerksam. Weitere Salon-Teilnahmen von Monet 1866, 1868 und 1880.
Beginnt mit dem malen des monumentalen *Frühstück im Grünen* (Abb. 6). Courbet besucht ihn in seinem Studio.

1866 Da es Monet nicht gelingt, *Frühstück im Grünen* fertigzustellen, reicht er im Salon *Camille im grünen Kleid* (Abb. 8) sowie eine Landschaft ein. Als Modell dient ihm seine Freundin Camille Doncieux, deren Familie in seiner Nachbarschaft wohnt. Bekanntschaft mit Manet.

1867 Erneuter Aufenthalt in der Normandie. Als Monets Vater im April von Camilles Schwangerschaft erfährt, verlangt er von seinem Sohn, sich von seiner Freundin zu trennen. Monet kommt dieser Forderung nur zum Schein nach und zieht zurück zu seiner Familie nach Sainte-Adresse bei Le Havre. Sohn Jean wird am 8. August in Paris geboren. Monets im Salon eingereichtes Gemälde *Frauen im Garten* (Abb. 9) wird von der Jury nicht zugelassen. Dieses gilt auch für die Werke seiner Freunde Bazille, Pissarro, Renoir und Sisley.

1868 Monet reist mit Camille und Jean in die Normandie. Der Reeder Louis Gaudibert stellt der Familie in der Nähe von Étretat ein Haus zur Verfügung, wo Monet *Das Mittagessen* (Abb. 13) malt.

1869 Im Sommer mit Renoir in Bougival an der Seine. Die Darstellungen der *Grenouillère* (Abb. 14) entstehen.

1870 Ablehnung von Monets *Das Mittagessen* und *Grenouillère* (vgl. Abb. 13, 14) durch das Auswahlkomitee des Salons. Corot und Daubigny verlassen aus Protest gegen diese Entscheidung die Jury. Im Juni 1870 heiraten Camille und Monet. Einer der Trauzeugen ist Courbet. Hochzeitsreise nach Trouville. Nach Ausbruch des Deutsch-Französischen Kriegs reist Monet mit seiner Familie nach London ins Exil. Dort lernt er durch Vermittlung von Daubigny den Galeristen Paul Durand-Ruel kennen, der im Laufe der Zeit zu seinem wichtigsten Händler wird. Besucht mit Pissarro die Londoner Museen.

1871 Monets Vater stirbt. Nach Kriegsende Rückreise via Zaandam in der Nähe von Amsterdam. Nach kurzem Aufenthalt in Paris findet die Familie in Argenteuil ein Zuhause. Der an der Seine gelegene zehn Kilometer von Paris entfernte Ort verfügt über einen Bahnanschluss. Monet pendelt regelmäßig nach Paris und auch seine Künstlerfreunde kommen zu ihm, um gemeinsam in der Natur zu malen.

1872 Erwirbt ein Atelier-Boot, um auf der Seine arbeiten zu können (Abb. 19, 20). Vorbild ist das Boot von Daubigny. Im November malt Monet aus einem Hotelzimmer in Le Havre *Impression bei Sonnenaufgang* (Abb. 24), das heute als eines der Schlüsselwerke des Impressionismus gilt.

1873 Lernt Gustave Caillebotte kennen. Aus wohlhabenden Verhältnissen stammend, wird der Maler zu einem der wichtigsten Unterstützer der Impressionisten.

1874 Monet gehört zu den Gründungsmitgliedern der Impressionisten-Ausstellung, die am Boulevard des Capucines im ehemaligen Atelier des Fotografen Nadar mit Erfolg gezeigt wird. Nimmt an den ersten vier Ausstellungen 1874, 1876, 1877, 1879 sowie an der siebten 1882 teil. Monet zeigt bei der ersten Präsentation u. a. *Das Mittagessen* (Abb. 13), das 1870 vom Salon abgelehnt wurde, sowie *Boulevard des Capucines* (Abb. 33) und *Impression bei Sonnenaufgang* (Abb. 24).

1876 Bekanntschaft mit dem Kaufhauseigentümer Ernest Hoschedé, der innerhalb weniger Monate zu seinem wichtigsten Sammler wird. Monet beginnt mit den Darstellungen des Bahnhof Saint-Lazare (Abb. 34, 35). Mietet sich dafür eine Wohnung in der Nähe.

1878 Monets zweiter Sohn Michel wird in Paris geboren. Gemeinsam mit dem Ehepaar Ernest und Alice Hoschedé und deren sechs Kindern zieht die Familie Monet nach Vétheuil, 60 Kilometer nordwestlich von Paris an der Seine gelegen. Durch einen Konkurs ist Hoschéde plötzlich verarmt. Alice hilft bei der Pflege von Camille, die vermutlich an Krebs erkrankt ist.

1879 Am 5. September stirbt Camille im Alter von 32 Jahren.

1880 Monet beteiligt sich nach einem Streit mit Degas nicht an der fünften Impressionisten-Ausstellung, stellt stattdessen eine Landschaft im Salon aus. Erste Einzelausstellung Monets in der Galerie des Journals *La Vie moderne* in Paris.

1881 Malt im Frühjahr und Sommer in der Normandie. Auch in den nächsten Jahren häufige Reisen an die Atlantikküste. Im Dezember gegen den Willen von Ernest Hoschedé gemeinsam mit Alice und den Kindern Umzug nach Poissy. Die finanzielle Situation entspannt sich langsam, da der Galerist Durand-Ruel Monet immer besser verkauft.

1883 Durand-Ruel zeigt Einzelausstellung mit Werken Monets. Manet stirbt. Gemeinsam mit Alice und ihren Kindern zieht der Künstler nach Giverny. Das Dorf liegt ca. 65 Kilometer nordwestlich von Paris. Zu dem von dem Maler gemietetem Anwesen gehören mehrere Gebäude sowie ein großes Grundstück, das er zu einem Garten mit exotischer Bepflanzung ausbaut. Im Dezember reist Monet mit Renoir nach Marseille und Genua; in L'Estaque besuchen sie Cézanne.

1884 Anfang des Jahres fährt Monet für drei Monate erneut an die Riviera; diesmal jedoch allein, um in Ruhe arbeiten zu können (Abb. 30).

1885 Gemälde von Monet werden in der Pariser Galerie von Georges Petit gezeigt.

1887 Ausstellungen in Paris und in New York, wo Durand-Ruel eine Dependance eröffnet hat. Monets kommerzieller Erfolg in den USA trägt maßgeblich zu seiner Bekanntheit bei.

1888 Anfang des Jahres erneut am Mittelmeer. Im Sommer Aufenthalt in London. Beginnt nach der Rückkehr nach Giverny mit der Serie der Getreideschober-Bilder (Abb. 38).

1889 Petit präsentiert mit großem Erfolg Arbeiten von Monet und Auguste Rodin gemeinsam in Paris. Monet initiiert Spendensammlung, um Manets Hauptwerk *Olympia* von dessen Witwe für die französische Öffentlichkeit zu erwerben.

1890 Kauft das von ihm bewohnte Anwesen in Giverny, das er in der Folge durch weitere Zukäufe kontinuierlich erweitert.

1891 Ernest Hoschéde stirbt. Ausstellung der Getreideschober-Bilder bei Durand-Ruel in Paris. Im Winter erneute Reise nach London.

1892 Arbeitet an der Serie der Kathedralen von Rouen (Abb. 39). Im Sommer heiratet er Alice in Giverny.

1893 Bau seines Wassergartens in Giverny.

1895 Besuch seines Stiefsohns in Norwegen. Durand-Ruel stellt erstmals die Serien der Kathedralen von Rouen aus.

1899 Monet fängt in seinem Wassergarten von Giverny mit der Serie der Seerosen an. Beginnt mit der Serie der Themseansichten (Abb. 44), für die er in den nächsten Jahren regelmäßig in die englische Hauptstadt reist.

1904 Fährt gemeinsam mit Alice im Auto nach Madrid. Besucht den Prado.

1908 Erste Sehbeschwerden. Reist gemeinsam mit seiner Frau nach Venedig.

1911 Alice stirbt am 19. Mai in Giverny.

1912 Monets Sehvermögen verschlechtert sich. Doppelseitiger Grauer Star wird diagnostiziert.

1914 Jean Monet stirbt am 10. Februar in Giverny. Dessen Witwe und Adoptivtochter Claude Monets, Blanche Hoschedé, kümmert sich nun alleine um die Haushaltsführung in Giverny. Georges Clemenceau und Gustave Geffroy schlagen ihrem Freund vor, Seerosen-Bilder dem französischen Staat zu schenken.

1915 Für das Malen seiner monumentalen Seerosen-Dekoration lässt Monet ein drittes Atelier bauen. Freunde setzen sich für die dafür notwendige Sondergenehmigung ein.

1917 Reise nach Le Havre, Étretat und Honfleur.

1918 Monet bietet an, dem Französischen Staat zwei großformatige Seerosen-Bilder aus Freude über den Sieg Frankreichs im Ersten Weltkrieg zu stiften. Geffroy und Clemenceau überzeugen Monet stattdessen, ein vielteiliges Seerosen-Panorama (Abb. 47, 48) zu schenken, für das im Gegenzug ein Gebäude in Paris errichtet werden sollte.

1921 Retrospektive bei Durand-Ruel in Paris.

1922 Monet unterzeichnet den notariellen Schenkungsvertrag für seine Seerosen-Dekoration.

1923 Erfolgreiche Operation zur Behandlung des Grauen Stars an beiden Augen.

1924 Ausstellungen in Paris und New York.

1926 Stellt die Seerosen-Dekoration fertig. Monet stirbt am 5. Dezember im Alter von 86 Jahren in Giverny.

Ausgewählte Literatur

Werkverzeichnis

Daniel Wildenstein: Monet. Catalogue raisonné, 4 Bde., Köln 1996

Monographien

John House: Monet. Nature into Art, New Haven/London 1986

William C. Seitz: Claude Monet, Köln 1990

Paul Hayes Tucker: Claude Monet. Life and Art, New Haven/London 1995

Richard Kendell (Hrsg.): Monet by Himself: Paintings, Drawings, Pastels, Letters, New York 2004

Ausstellungskataloge

Claude Monet und die Moderne, hrsg. von Karin Sagner-Düchting, Kunsthalle der Hypo-Kulturstiftung, München u.a. 2001

Claude Monet, hrsg. von Gerhard Finckh, Von der Heydt-Museum, Wuppertal, Wuppertal 2009

Monet 1840–1926, hrsg. u.a. von Guy Cogeval, Galeries nationales du Grand Palais, Paris, Paris 2010

Monet und die Geburt des Impressionismus, hrsg. von Felix Krämer, Städel Museum, Frankfurt am Main, München 2015

Monet. Licht, Schatten, Reflexion, hrsg. von Ulf Küster, Fondation Beyeler, Riehen, Berlin 2017

Bildnachweis

Abb. 1: © bpk/The Art Institute of Chicago/Art Resource, NY; *Abb. 2*: © akg-images/Erich Lessing; *Abb. 3*: © akg-images/Laurent Lecat; *Abb. 4* und *5*: zit. nach: Städel Museum Frankfurt am Main-Monet und die Geburt des Impressionismus, Frankfurt am Main 2015, S. 20, 21; *Abb. 6*: zit. nach: Städel Museum Frankfurt am Main-Monet und die Geburt des Impressionismus, Frankfurt am Main 2015, S. 59; *Abb. 7*: © akg-images/Laurent Lecat; *Abb. 8*: © akg-images/Erich Lessing; *Abb. 9*: © akg-images/Erich Lessing; *Abb. 10*: © akg-images; *Abb. 11*: zit. nach: Städel Museum Frankfurt am Main-Monet und die Geburt des Impressionismus, Frankfurt am Main 2015, S. 82; *Abb: 12*: © akg-images; *Abb. 13*: © akg-images; *Abb. 14*: © akg-images; *Abb. 15*: zit. nach: Städel Museum Frankfurt am Main-Monet und die Geburt des Impressionismus, Frankfurt am Main 2015, S. 261; *Abb. 16:* © The national Gallery, London/akg; *Abb. 17*: zit. nach: Städel Museum Frankfurt am Main-Monet und die Geburt des Impressionismus, Frankfurt am Main 2015, S. 37; *Abb. 18*: © akg-images; *Abb. 19*: © akg-images; *Abb. 20*: zit. nach: Städel Museum Frankfurt am Main-Monet und die Geburt des Impressionismus, Frankfurt am Main 2015, S. 18; *Abb. 21*: © Heritage-Images/Art Media/akg-images; *Abb. 22*: zit. nach: Städel Museum Frankfurt am Main-Monet und die Geburt des Impressionismus, Frankfurt am Main 2015, S. akg-images/Laurent Lecat; *Abb. 23*: © akg-images; *Abb. 24*: zit. nach: Städel Museum Frankfurt am Main-Monet und die Geburt des Impressionismus, Frankfurt am Main 2015, S. 14; *Abb. 25*: Private Collection, on loan to the Fitzwilliam Museum, Cambridge. Photograph ©The Fitzwilliam, Museum, Cambridge; *Abb. 26*: zit. nach: Städel Museum Frankfurt am Main-Monet und die Geburt des Impressionismus, Frankfurt am Main 2015, S. 140; *Abb. 27*: © akg-images; *Abb. 28*: © akg-images/Laurent Lecat; *Abb. 29*: © akg-images/Erich Lessing; *Abb. 30*: © akg-images/Erich Lessing; *Abb. 31*: © akg-images; *Abb. 32*: zit. nach: Städel Museum Frankfurt am Main-Monet und die Geburt des Impressionismus, Frankfurt am Main 2015, S. 259; *Abb. 33*: zit. nach: Städel Museum Frankfurt am Main-Monet und die Geburt des Impressionismus, Frankfurt am Main 2015, S. 34; *Abb. 34*: © akg-images; *Abb. 35*: © akg-images/Erich Lessing; *Abb. 36*: © bpk/RMN-Grand Palais/René-Gabriel Ojéde; *Abb. 37*: zit. nach: Wildenstein, Monet. Der Triumph des Impressionismus, S. 186; *Abb. 38*: zit. nach: Wildenstein, Monet. Der Triumph des Impressionismus, S. 349; *Abb. 39*: © akg-images; *Abb. 40*: © akg-images; *Abb. 41*: zit. nach: Wildenstein, Monet. Der Triumph des Impressionismus, S. 516; *Abb. 42*: © akg-images/Erich Lessing; *Abb. 43*: zit.

nach: Wildenstein, Monet. Der Triumph des Impressionismus, S. 231; *Abb.* 44: © akg-images; *Abb.* 45: © akg-images/Erich Lessing; *Abb.* 46 © akg-images; *Abb.* 47: Photo Durand-Ruel © Durand-Ruel & Cie., droits réservés; *Abb.* 48: © gettyimages/FANTHOMME Hubert; *Abb.* 49: © akg-images/Erich Lessing.

Personenregister